- 인간이 경험하는 대부분의 심리적, 정서적 문제의 원인 해결하기 -

하나님은 우리를 어떻게 치유 하시는가?

The Hidden Rift With God

윌리엄 D. 베커스 지음 | 전요섭·노철우 옮김

기독교문서선교회

기독교문서선교회(Christian Literature Crusade: 약칭 **CLC**)는
1941년 영국 콜체스터에서 켄 아담스에 의해 시작되었으며
국제 본부는 영국의 쉐필드에 있습니다.

국제 CLC는 59개 나라에서 180개의 본부를 두고, 약 650여 명의
선교사들이 이동도서차량 40대를 이용하여 문서 보급에 힘쓰고 있으며
이메일 주문을 통해 130여 국으로 책을 공급하고 있습니다.

한국 CLC는 청교도적 복음주의 신학과 신앙서적을 출판하는
문서선교기관으로서, 한 영혼이라도 구원되길 소망하면서
주님이 오시는 그날까지 최선을 다할 것입니다.

The Hidden Rift With God

Written by
William Backus

Translated by
Joseph Jeon·Chulwoo Roh

Copyright © 1990 by William Backus
Originally published in the United States of America
under the title as *The hidden rift with God*
by Bethany House Publishers.
Translated by permission of Bethany House Publishers,
A Ministry of Bethany Fellowship, Inc.
6280 Auto Club Road, Minneapolis, Minnesota 55438

All rights reserved

Korean Edition
Copyright © 2013 by Christian Literature Crusade
Seoul, Korea

추천사

양유성 박사
평택대학교 신학전문대학원 목회상담학 교수

오래 전 진리요법이란 이름으로 효과적인 기독교 인지치료 방식을 소개했던 윌리엄 D. 베커스(William D. Backus)의 책이 이번에 또 번역, 출판되어 참으로 반갑다. 베커스는 잘못된 사고방식으로 인해 고통스런 문제에 빠진다고 보는 알버트 엘리스(Albert Ellis)의 합리정서요법과 인지왜곡에 의한 자동적 사고 내지는 자기와의 대화로 인해 문제를 초래한다고 보는 아론 벡(Aaron Beck)의 인지치료에 학문적 기반을 두고 있다. 이러한 관점에서 그는 기독교인들에게서 매우 흔하게 볼 수 있고 때로는 그들이 자주 숨기고 억압시켜서 상담 현장에서 무시하고 빠뜨리기 쉬운 하나님과의 관계 경험에서 받은 분노나 상처를 다루고 있다.

신앙생활은 무엇보다 하나님과의 관계 속에서 살아가면서 느끼고 경험하는 것이기 때문에 하나님과의 관계로 인해 나타나는 문제를 목회상담이나 기독교상담에서는 더욱 중요하게 다루어야 한다. 하나님과의 관계 경험은 국내에서 지금까지 정신분석과 대상

관계이론에서 주로 연구되어 왔고, 어린 시절 부모와의 초기 관계 경험이 성장하여 다른 사람들과의 관계에, 그리고 더 나아가 하나님과의 관계에도 영향을 미친다고 보고 있다. 이런 심층심리의 역동성뿐 아니라 인지적인 측면에서 하나님과의 관계 경험, 이를테면 하나님과의 분리와 단절, 하나님에 대한 원망과 분노, 하나님으로부터의 거부와 버림받음의 감정 등을 이해하고 접근해보는 것도 매우 의미 있고 유익한 연구라고 본다.

베커스는 임상심리학자이면서도 신학교육을 받아 신학과 성경을 토대로 기독교 신앙과 상담학의 통합을 시도하여 학문적 성과를 거두었다. 그리고 그는 자신의 임상 경험과 목회 경험을 통해 얻은 사례연구를 반영하여 현실적이고 쉽고 재미있게 저술한다. 목회상담이나 기독교상담에 관심을 가지고 배우거나 상담하는 분들과 하나님과의 관계에서의 치유를 원하는 분들이 이 책을 읽고 자신의 삶이나 상담에 적용하시기를 기쁜 마음으로 적극 추천한다.

저자 서문

　내가 쓴 다른 책들처럼 이 책에도 많은 임상사례들이 소개되어 있다. 어떤 독자들은 내가 상담했던 내담자와 유사한 고통을 겪고 있을 것이고, 또 다른 독자들은 직접 치료받기 위해서 나를 찾아오기도 한다. 그리고 어떤 독자들은 이 책에서 다루어진 내용을 통해 자신의 문제를 해결 받으려고 하거나 아니면 친구나 친척을 찾아가서 문제를 해결하려고 시도할지도 모른다. 그러나 이 책에서 다루어진 임상사례들은 실제 누구인지 모르도록 기록하였다. 이는 상담내용에 대해서는 비밀보장을 해야 한다는 규정 때문이다. 따라서 이야기들은 실제적인 사실에 바탕을 두고 있다. 하지만 그 이야기들은 새롭게 각색되었으며 세부적인 내용은 아주 정교하게 변형되었고 개인적인 정보는 숨겨져 있다.

　여기서 다룬 내용들은 특정 내담자의 이야기가 아니며 많은 사람이 경험하는 공통된 고통들에 대한 것이다. 그래서 독자들은 이 책에서 자신의 증상들을 보고 치유의 길을 찾을 수 있을 것이다.

역자 서문

　이 책은 미국에서 가장 훌륭한 복음주의 상담학자로 꼽을 수 있는 윌리암 베커스의 저서 *The Hidden Rift with God*을 우리말로 옮긴 것이다. 본래 제목을 그대로 옮긴다면 "하나님과의 숨겨진 틈새"라는 말이 되겠지만 그러한 제목으로는 독자들에게 쉽게 다가가기 어렵다는 생각에서 제목을 『하나님은 우리를 어떻게 치유하시는가?』로 바꾸었다. 그리고 부제로 "인간이 경험하는 대부분의 심리적, 정서적 문제의 원인 해결하기"로 붙였다.

　이 책의 저자 베커스는 1990년대 후반까지만 해도 우리나라에는 전혀 알려지지 않은 상담학자였다. 그의 저서는 약 15권 정도 되는데 1992년에 『서로에게 진리를 말하기』(*Telling Each Other the Truth*)가 번역되면서 우리나라에 베커스가 처음으로 소개되었다. 이어서 『자신에게 진리를 말하기』(*Telling Yourself the Truth*)가 1996년에 번역되었고, 그 후 『부정적 감정을 치유하는 자기고백 워크북』(*Learning to Tell Myself the Truth*)이 1999년에 번역되었다. 『절제의 자유』(*Finding the*

Freedom of Self Control Study Guide)가 2010년에 ,『생각이 올바른 자녀 만들기』(*Teaching Your Children to Tell Themselves the Truth*, 전요섭 외 공역)가 2011년에 소개되었다. 그리고 금년에『하나님은 우리를 어떻게 치유하시는가?』(*The Hidden Rift with God*, 전요섭, 노철우 공역)가 번역되었으며, 『희망 소식: 불안과 두려움에 맞서고 싶은 사람에게』(*The Good News about Worry*, 전요섭 역)와『상담자가 당신에게 절대 말하지 않을 7가지 내용』(*What Your Counselor never Told You*, 전요섭 역) 등이 번역을 마치고 출판을 앞두고 있다. 이어서『뒤틀린 인간관계 풀기』(*Untwisting Twisted Relationships*, 전요섭 역) 등의 책들을 번역하여 소개할 예정이다.

베커스는 루터교 목사였고, 임상심리학자였으며 복음주의적 상담학자로서 가장 건전한 학자 가운데 한 분이다. 그의 책이 우리말로 출판된 것은 매우 다행한 일이 아닐 수 없다.

나와 함께 번역한 노철우는 성결대학교에서 기독교상담학을 전공하여 석·박사 학위를 받고 성결심리상담소 전임연구원이다. 이번에 그와 함께 사제지간에 한국교회와 기독교상담학계에 좋은 작품을 하나 남기게 되어 더없이 즐겁기만 하다. 대역회의를 하느라 늦은밤 연구실의 불을 밝히면서 원문과 번역문과 함께 씨름하던 일들은 모두 해산의 고통과 같은 것이었으며 이제는 의미있는 추억으로 기억 속에만 남게 되었다.

이 책을 통해서 많은 사람이 베커스가 변화된 것처럼 변화되는 역사가 나타나기를 역자들은 간절히 소망하는 마음뿐이다. 역자들은 먼저 이 책을 옮기면서 많은 은혜와 감동을 받고 점점 번역을 해 나갈수록 한국교회에 이렇게 좋은 책을 소개하게 될 것이라는 기대감으로 마음이 부풀어 있었다. 역자들이 받은 은혜와 감동을 독자들도 똑같이 경험하기를 바라며 이 책을 읽으면서 이 책의 원제목처럼 하나님과의 갈라진 틈새를 메꾸고 하나님의 치유하심을 경험하는 일들이 나타나기를 바라는 것은 저자나 역자나 동일한 마음일 것이다.

  출판에 힘써주신 CLC 박영호 사장님과 편집진과 관계자들에게 고마운 마음을 표하는 바이다.

전요섭 識

목차

추천사(양유성 박사) 5
저자 서문 7
역자 서문 8
서론: 독자에게 알리는 긴급한 메시지 13

1장 하나님으로부터의 도피 23
2장 고통이 지속될 때 45
3장 영적 표류 65
4장 다양한 심리적 문제 81
5장 하나님의 선하심이 잘못인가? 105
6장 선에 대한 논쟁 127
7장 우리에게 가장 두려운 일 147
8장 단절이 우리에게 준 영향 175
9장 하나님을 어떤 존재라고 생각하는가? 191
10장 하나님과 뜻을 같이하는 것 203
11장 과학에서 얻는 교훈 227
12장 단절의 치유 247

부록: 종교와 건강에 관한 참고문헌 258

하나님은
우리를
어떻게 치유
하시는가?

The Hidden Rift
With God

서론
독자에게 알리는 긴급한 메시지

나는 이 책에서 두 가지 단절에 대해 글을 썼고, 그 두 가지 단절이 이 책 전체를 구성하고 있기 때문에 처음부터 그것을 명확히 짚고 넘어가면 이 책을 읽는 데 도움이 될 것이다.

내가 전하고자 하는 주요 주제는 인간과 하나님과의 단절이다. 나는 혼란과 실망을 겪고 분노하며 심지어 하나님께 화가 난 사람들을 위해서 이 책을 썼다. 그리고 왜 하나님이 금하시는 일을 하고 싶어 하는지 이유를 알 수 없는 사람들을 위해서 이 책을 쓴 것이다. 언제부터인가 그들의 영혼 깊숙한 곳 어딘가에 하나님과 분리된 갈라진 틈이 생기기 시작했고, 그래서 그들은 간절히 바라던 행복, 평화, 사랑과도 분리되었다. 사람들은 자신들이 왜 어떤 특별한 상황을 겪어야만 했는지 그 이유를 알 수 없기 때문에 하나님과의 단절 속에서 방황하게 되는 것이다.

나의 친구 가운데 이렌 기포드(Irene Gifford)는 그러한 단절로 고통을 겪고 있는 사람이었다. 그녀의 상황은 여러분의 상황보다 훨씬 더 고통스럽고 극단적일지도 모른다. 나는 그녀가 내적인 단절을 끝까지 겪었던 경험을 여러분과 공유할 것이다.

남편 폴(Paul)과 나는 많은 축복을 받았다. 우리는 화단을 가꾸기에 적당한 마당과 그 마당에 있는 큰 나무 아래에서 가족 모두가 모여 함께 편히 쉴 수 있는 그런 집에서 살았다. 우리는 결혼 1주년 기념일에 그 집을 샀다.

세 명의 자녀는 청소년기를 거쳐 성인 초기까지 큰 굴곡 없이 잘 지냈다. 한 아이는 대학에, 한 아이는 신학교에, 그리고 한 아이는 결혼하여 집에서 약 2킬로미터도 채 떨어지지 않은 곳에 살았다. 그리고 그때까지 우리는 각자 전문분야에서 자신의 일을 잘하고 있었다. 폴은 대학 근처에서 연구자재를 디자인하는 일을 했고 이 일을 하나님의 소명으로 생각하고 있었다. 나는 심리학자이며 동시에 감독교회에서 목사안수를 준비하고 있었다.

매일 오후 늦게, 나는 남편 승합차가 도착하기를 기다렸다. 그것이 내가 요리를 시작하는 신호였다. 남편은 내가 저녁 식사를 준비하는 동안 샐러드를 만들었다. 우리의 삶은 편안하고 행복했다. 내 안의 편안함의 많은 부분이 남편의 사랑과 많은 지지와 돌봄 덕택이었다. 그는 나를 잘 돌봐주었고 항상 건강했다. 그리고 그 덕택에 내 삶이 든든히 세워졌다.

어느 날 병원 진단 결과 남편에게는 심각한 심장병이 있었고, 그는 이따금 우울증세를 보였다.

1개월 후, 남편은 권총으로 자살을 했고 내 삶은 산산이 부서졌다. 이러한 충격과 슬픔으로 경황이 없는 상황에서 남편의 유골은 교회에 안장되었다. 가족과 이웃과 교회 구역 식구들의 사랑과 위로에도 불구하고 나는 죄책감으로 괴로웠다. 왜 나는 남편이 그 위기 상황을 극복하지 못한 그날 아침에 교회에 갔을까? 나는 심리학자인데, 왜 그가 자살할 것을 알지 못했을까? 심지어 나는 내 남편에게 아무런 도움조차 주지 못했다.

그러나 얼마의 시간이 지난 후, 나를 괴롭히던 죄책감이 하나님에 대한 분노로 이어졌다. 어떻게 이런 일이 일어나도록 하나님은 내버려 두셨는가? 남편은 심장병이나 우울증에 걸릴 사람이 아니었다. 나와 내 자녀는 남편과 아버지를 잃을 만한 잘못된 일을 하지 않았다. 도대체 어떤 '하늘 아버지'이시기에 자기 자녀들에게 이렇게 잔인하게 하신단 말인가?

우리는 함께 남편의 치유를 위해 정성껏 기도했다. 우리 가족과 친구들, 심지어 세계 도처에 있는 친구들까지도 기도했다. 그러나 하나님은 내 남편을 위해 어떤 일도 하지 않으셨고, 의사를 통해서도 치료하지 않으셨다. 심지어 나는 처방전도 잘못되었다는 것을 알았다. 모든 것이 잘못되어 갔다.

나는 슬픔 속에서 하나님의 돌봄을 받고 격려를 받았음에도 불구하고 하나님께 저항했다. 고통이 너무 커서 참지 못할 것 같았다. 나는 기도도 하지 않았다. 왜냐하면 하나님이 내게 무관심하신 것처럼 보였기 때문이다. 하나님과 갈등하는 동안 나는 마르다(Martha)에 대한 시를 썼다(p. 43).

성경을 보다가 나는 마르다가 이런 고통, 슬픔, 실망과 심지어 하나님께 대해 분노하고 있는 여러 사람 중에 한 사람이었다는 것을 알게 되었다. 욥(Job)도 그러한 단절을 경험했고(욥 7:17-21), 시편 기자도 그랬고(시 73:13), 예레미아도 그것을 인정했으며(렘 20:7), 나오미도 그랬다(룻 1:20).

    내가 성경을 읽고 발견한 사실은 이러한 갈등이 하나님께로 돌아가는 시작일 뿐이었고, 하나님과 나 사이에 발생한 단절을 내 안에서 통찰하는 계기가 되었다는 것이다. 오랜 고통의 여정과 시간이 지난 후에 나는 다시 한 번 그리스도의 임재를 느끼기 시작했다. 다시 말해서, 설령 내가 그 이상으로 하나님을 비난한다 해도 하나님은 결코 나를 떠나거나 대적하지 않으시는 분이라는 사실을 이해하기 시작했다. 하나님은 누구에게나 이와 같은 상황을 이해할 수 있도록 돕는 유일한 분이시다.

    이사야를 통한 하나님의 약속, 즉 "내가 넘치는 진노로 내 얼굴을 네게서 잠시 가렸으나 영원한 자비로 너를 긍휼히 여기리라. 네 구속자 여호와께서 말씀하셨느니라"(사 54:8)하는 말씀을 통해 나는 나의 내적 고통을 치유할 올바른 길을 발견할 수 있었다. 이것은 나의 내적 작업이 있은 후였다. 거부와 슬픔과 분노를 뛰어 넘어 내적 여정을 다 겪은 사람만이 하나님과의 단절을 좁힐 수 있다. 내가 경험한 것 가운데 하나는 이 책의 각 장 사이에 시로 표현했다. 일부는 남편이 죽은 후 우리 가족이 여름을 보내면서 카누 여행을 한 것에 대해 글을 쓴 것이었다. 그 카누 여행은 전에 남편과 함께 했던 여행이다.

내가 말하고 싶은 또 다른 것은 내 친구 이렌이 겪었던 고통스런 상황을 경험해보지 않은 사람들을 위한 것이다. 나는 옳고 그름에 관하여 하나님과 불화하는 사람들에 대해서 말하고자 한다. 사람들은 좀 더 자유롭고 좀 더 쉽게 세상을 사는 방향으로 움직이고 있는데, 왜 하나님은 우리에게 시대에 뒤떨어진 낡은 법을 지키라고 하시는지 이해할 수 없다는 것이다.

환경에 대항해 맞서 싸우든지 아니면 어떤 통제 없이 인생을 살고 싶든지 간에, 그 모든 것의 기저에는 같은 문제가 놓여 있다. 그것은 하나님과의 숨겨진 단절이다.

이 책은 주로 이러한 영적 문제로 고통 받는 사람들과 자신의 삶 속에서 일어나는 여러 가지 혼란을 끝내기를 원하는 자들을 위한 것입니다.

나는 이미 이 책에 두 종류의 사람뿐 아니라 두 가지 단절에 대해 기록한 것을 언급한 적이 있다. 두 번째 단절은 현대 심리학과 기독교 간의 단절이다. 내가 생각하기에 여기서 말하는 단절은 아주 나쁜 것이다.

이러한 단절의 한 축은 인본주의 심리학자들이 인간 문제를 물리적 원인과 결과로 분석한다는 것이다. 만일 당신이 분노하여 가족들에게 소리를 질렀다면, 그것은 당신의 유아기 때 양육방식이나 생리전 증후군 때문이라고 생각한다. 만일 당신이 사람을 죽였다면, 그것은 어린 시절 나쁜 경험으로 인해 제정신이 아니었음에 틀림없다. 만일 당신이 아이들을 습관적으로 괴롭힌다면, 당신의 행동은 '성 중독' 때문에 그런 것이다. 그들의 이런 생각과 분석방식에는 몇 가지 진실이 있기는 하지만 영적이나 도덕적 고려는 무시하고 있다. 이러한 유물론적인 단편적 사고가 사고형의 사람(a thoughtful person)에게 심리학의 이론과 실제를 심리학적인 것이나 종교적인 것 중에서 억지로 하나를 선택해야 하는 것으로 여겨지게까지 했다. 이런 사고형의 사람은 계속 영적인 문제나 도덕적인 문제로 고민한다.

또 다른 심리적/종교적 단절의 한 축은 일부 기독교 학자들에 의해서 나타나는데, 주로 그럴듯하게 의도된 기독교 심리학 책에서 드러난다. 그러나 이것은 둘 사이의 간격을 이어주는 데 도움이 되지 않는다. 비록 그것이 둘 사이의 간격을 이어주는 역할을 해야 함에도 불구하고 서로가 자신의 이론이 진리라고 주장하기 때문에 간격을 좁히기가 어렵다.

성경은 인간의 심리에 대해서 진실을 가르쳐 준다. 우리가 심리학이라는 단어가 '영혼이나 마음에 대한 지식'을 의미하고 있다는 것을 이해한다면 이것을 부인할 수 없다. 심리학에 대하여 이러한 이해를 받아들인다면 현대 심리학이 출현하기 훨씬 이전에 성경적 심리학이 존재했다는 것은 기정 사실이다. 신학은 심리학적 상담을 행하는 사람과 상담을 받는 내담자 모두에 대해서 말할 것이 있다.

기독교 가르침에 따르면 당신은 마치 인간이 오작동하는 컴퓨터처럼 이상한 행동을 할 때 그것을 다룰 수 없다. 비록 눈에는 보이지 않지만 인간행동에 실제적이고도 강력한 영향을 미칠 수 있는 어떤 것들이 있다. 예를 들면, 그릇된 행동을 하게 하는 선천적으로 타고난 기질(이것은 하나님의 명령에 의해서 정의된 것)과 강력하고 악한 영적인 실체 그리고 성령의 임재와 활동이 그것이다.

사실 신학과 심리학은 모두 인간행동과 질병을 다루기 때문에 같은 영역의 주위를 서로 맴돌고 있다. 나는 양쪽 분야에서 얻은 통찰로 통합을 이루는 방법을 알기 위해서 25년 동안 연구했다. 여기에는 많은 문제가 얽혀 있다. 한 가지 주요한 난제는 각 분야에서의 파벌주의이다. 인간행동과 처방에 대하여 매우 많은 이론들이 서로 경쟁하고 있고, 모두 자기 이론이 우수하다고 확신한다. 또한 각 이론이 기독교의 가르침과 어떤 연관이 있는지 알 방법이 없다. 그리고 신학자들 간의 여러 분파는 인본주의 심리학자들 간의 여러 분파만큼이나 많다. 어느 누구도 모든 심리치료 체계를 대면한다거나 모든 기독교 사상 학파를 대표한다고 주장할 수 없다. 이러한 차이점과 다양한 입장 때문에 나는 독자들이 심리학적인 문제와 영적 문제에 대한 저자의 생각에 대해 각자가 올바른 판단과 자기 나름의 요약을 할 자격이 있다고 믿는다. 그래서 나는 내가 신학적으로 어디에 배경을 두고 있는지 독자들에게 말하고 싶다.

신학적으로 나의 배경은 복음주의적이고 보수적이며 성경적이다. 비록 사람들이 모든 진리를 절대적으로 알 수 없다고 주장할지라도 루터교 신자인 나는 하나님의 말씀이 절대적 진리라고 믿는다. 심리학자로서 나는 부분적으로 인지행동적 관점에서 글을 썼다. 왜냐하면 이것은 기독교 진리를 기본으로 하여 쉽게 응용할 수 있기 때문이다. 성경의 진리와 관련시켜 볼 때, 인지심리학은 성경에 제시된 내용을 포함하여 인간의 마음이 어떻게 작용하는지를 이해하는 하나의 방법이다.

나는 조심스럽게 심리학적 용어와 성경 용어를 연결시켰다. 그러나 심리학은 하나님의 계시된 진리에 순응하기 위해 양보되어야 한다. 예를 들면, 인간의 근본적인 문제는 불안이나 오이디푸스적 상황이나 신경전달물질의 불균형 때문이 아니다. 비록 이 모든 요인이 존재한다 해도 인간의 가장 큰 문제는 근원자 되시는 하나님과의 분리이다. 이러한 분리는 인간의 죄 때문에 발생된다. 요약하면, 죄는 마음의 생각이나 내면의 자기 대화를 통해 비진리를 거듭 반복하여 말함으로써 증가한다. 우리는 하나님을 적극적으로 부인하거나 선에 대해 하나님과 논쟁함으로써 우리 스스로 하나님과 멀어지려 한다. 우리를 위한 진정한 선이 무엇인지에 대해 하나님의 관점을 수용하는 대신 하나님의 생각에 동의하지 않는다. 우리는 선한 것에 대한 우리의 생각에 따라 행하고 싶어 한다.

비록 이것들 가운데 일부는 도움을 줄지도 모르지만 통찰, 체계적 둔감화, 기억 치료, 무의식적 사고의 의식화, 합리성 증대, 진정한 자아발견 등을 치유라고 하지는 않는다. 치유는 의로운 자에게 주어지는 하나님의 값없는 선물이고, 예수님께서 우리를 위해 자신을 내어주셨기 때문에 주어지는 것이다. 우리는 믿음을 통한 은혜로 이 선물을 얻는다. 이 믿음만이 우리를 하나님과 재결합시킬 수 있다. 이것이 우리의 근원자 되시는 분과의 삶 속에 주어지는 재결합이다. 믿음은 자기 대화 속에서 진리를 거듭 반복하여 말할 때 자라난다. 다른 말로 하면, 자신에게 진리를 말하는 것이다. 의와 믿음은 하나님으로부터 오는 것이지 우리의 노력으로 오는 것이 아니다. 의와 믿음 모두는 우리의 열정적인 헌신과 노력으로 얻어지는 것이 아니다.

드디어 이 책 서론의 제목을 '독자들에게 알리는 긴급한 메시지'라고 한 이유에 대해 말할 때가 된 것 같다. 비록 이 책이 전인건강을 위한 전부는 아닐지라도 여러분의 내적 온전함을 발견하는 데 도움을 줄 수 있도록 쓰여진 것은 분명하다. 그것은 하나님과의 평화를 회복함으로써 마음속 깊은 곳에서 느끼게 되는 평화를 의미한다. 그리고 내가 먼저 이 책을 읽도록 권하는 이유는 여러분이 그것을 알아야만 하기 때문이다. 상담자는 그 길을 발견하도록 내담자를 도울 수 있다. 그러나 무엇보다도 여러분 스스로가 그 목적을 향해서 한걸음 한걸음 나아가야 한다. 그 일은 여러분에게 달려 있다. 그것을 이해했다면 무슨 일이 있어도 앞으로 전진하여 나아가야 한다.

하나님은 우리를 어떻게 치유하시는가?

The Hidden Rift With God

1장
하나님으로부터의 도피

잭(Jack)은 춥고 냄새나는 아파트에서 깨어났다. 파티(party)하는 동안 누군가 창문을 깨뜨렸지만 그로 말미암은 충격은 이미 거의 다 사라졌기 때문에 크게 문제가 되지 않았다. 그는 마지막 남은 돈을 코카인을 사고 지난밤 파티에서 마신 테킬라(tequila) 술과 맥주를 사는 데 다 써버렸다.

그가 일어서려고 했을 때 누군가 둔기로 자신의 머리를 내리치듯이 아팠고, 쾌쾌한 담배 연기가 진동했다. 그는 비틀거리며 화장실로 가서 토했다. 잭은 차가운 물로 세수하고 나서야 오늘이 아파트 임대료를 내는 날이라는 것을 기억하게 되었다. 잭과 함께한 두 명의 룸메이트는 3일 전, 두 달 치 밀린 임대료를 해결하기 위해 잭의 음향기기와 저당 잡힐 만한 물건들을 집어 들고 집을 나갔다. 잭은 여자친구에게 너무 많은 돈을 빌리고 갚지 못하자 그 여자친구로부터 "다리에서 뛰어내려!"라는 고함을 듣기도 했다. 그의 삶은 정말 말할 수 없이 비참했다.

그는 면도를 하고 가방에 청바지와 셔츠를 구겨 넣고 집을 나왔지만 그가 갈 만한 곳은 단 한 곳 뿐이었다. 그는 음식을 구하기 위해 맥도날드 쓰레기통을 뒤졌다. 그리고 4일 동안 지나가는 차를 얻어 타거나 차를 못 얻어 타는 경우는 약 5km 이상을 걸어서 마침내 낯익은 울타리가 보이는 곳에 도착했는데 거기는 예전에 그가 심어놓았던 단풍나무가 있는 그의 집이었다. 누군가 뒤뜰 단풍나무 아래에서 갈고리로 흙을 긁어 모으는 소리가 들렸다.

잭이 자갈을 밟는 소리를 내며 걷자 단풍나무 아래 있던 한 남성이 잠시 머뭇거리다가 고개를 들고 잭을 쳐다보았다. 그 남성은 갑자기 얼굴이 밝아 잭에게로 곧장 달려갔다.

그 남성은 왈칵 눈물을 흘리며 잭을 힘껏 끌어안았는데, 잭은 4년 전 집을 뛰쳐나간 후 이렇게 힘찬 포옹을 받아보기는 처음이었다. 그 남성은 바로 잭의 아버지였다. 아버지는 아들에게 속삭였다.

"아들아! 나는 네가 집에 돌아오기를 간절히 기도해왔단다."

하지만 잭은 완고하게 아버지를 밀쳐내면서 말했다.

"난 단지 갈 곳이 필요했고, 약간의 돈이 필요해요. 그것뿐이라고요. 난 다시 떠날 거예요."

아버지는 침착하게 말을 꺼냈다.

"그런 얘기는 나중에 하고 일단 들어가서 쉬어라! 식사를 좀 하고 잠시 잠을 자 두렴! 그러고 나서 얘기하는 것이 어떻겠니?"

"나는 처음부터 한 가지 확실하게 하고 싶어요!"

잭이 냉정하게 말했다.

"여전히 내 생각은 변함이 없어요. 그리고 그것 때문에 여기에 온 것이고요. 내 인생 스타일에 대해 논하자는 게 아니에요. 설교를 듣자고 하는 것도 아니고요. 아버지와 어머니에게 생각이 있듯이 제게도 제 생각이 있어요. 나는 여기 며칠만 있을 거예요. 아마 아버지는 이런 생활이 얼마나 좋은지 모르시겠지만, 저는 이런 데서 살고 싶지 않아요. 알겠어요?"

이때 아버지는 부드럽게 잭의 어깨에 손을 얹고 말했다.

"그래, 아들아! 네가 원하는 만큼 머물러도 좋다! 연못가엔 농어가 있단다. 우린 옛날처럼 고기도 잡고 얘기를 나눌 수 있을 거야!"

잭은 자신의 어깨에서 아버지 손을 밀쳐냈다.

"나는 관심 없어요! 난 곧 떠날 거고 아버지 말은 듣고 싶지 않아요. 나는 아버지가 필요하지 않아요. 난 나일 뿐이고 모든 것을 내 방식대로 할 거예요."

잭의 말은 거칠었으며 아버지께는 씁쓸하게 들렸을지도 모른다. 이 이야기에 우리 자신을 연관시킨다는 것은 말도 안 되는 일일지 모르지만 불행하게도 이 이야기는 우리 모두가 영적으로 한두 번쯤은 경험해 본 일일 수 있다.

물론 우리는 이 이야기를 고리타분한 예화로 새롭게 각색했다고 생각할 수 있다. 그리고 그것은 우리에게 항상 최고의 것을 원하시는 한 분을 대하는 태도를 설명하기 위해 쓰인 것으로 생각할 수도 있다. 물론 그분은 하나님이시다.

잭과 같은 많은 사람이 다른 사람 때문에 고통을 경험한다. 왜냐하면 인생이 우리에게 고통을 주는 것으로 생각하기 때문이다. 비록 우리가 정직할지라도 그것 때문에 오히려 고통을 당할 수도 있다. 그러나 우리 중에는 잭과 달리, 우리 영혼을 파멸로 이끌어 고통을 일으킬 만한 어떤 잘못도 하지 않은 사람들도 있다. 아마 우리는 이러한 상처, 슬픔, 외로움, 소외 또는 인생이 무의미하다는 절망감 때문에 밤낮을 고민하며 힘들게 보냈던 때도 있을 것이다.

이러한 고통을 자신이 만들었든 아니든 간에 다른 사람 때문에 받은 고통의 감정은 항상 있게 마련이다. 고통이나 무기력의 기저에는 마치 동물이 자신을 공격하는 대상에 대하여 화를 표출하는 것처럼 자신에게 상처를 준 대상에게 다시 상처를 주거나 그것을 몰아내고자 하는 힘이 존재하고 있다.

이러한 반사행동은 자신의 생명을 보호할 수도 있다. 동물들은 올가미가 자신의 살과 뼈를 옥조일 때 곧 반사행동을 취한다. 고통으로 격분하며, 올가미에서 벗어나기 위해 다리를 빼내려고 하지만 그러면 그럴수록 더욱 상처가 나고 극심한 고통 속에 결국 과도하게 피를 흘림으로 죽게 된다.

우리 중 많은 사람이 이처럼 분노 감정을 분출하는 것이 자신을 구원한다고 생각해서 어리석은 행동을 취한다. 우리의 반사행동적 분노가 자신을 고통으로부터 구해 줄 것이라고 생각하는 것은 어리석은 일이다. 그것은 실로 우리를 정서적, 영적으로 서서히 피를 흘리게 만들어 결국 죽음에 이르게 한다.

아주 모순되고 슬픈 일은 자신을 특별한 고통으로부터 자유롭게 할 수 있는 거대한 손이 작동하면 우리는 그것을 거부하고 공격한다는 것이다. 우리는 하나님과의 사이에서 느끼는 단절을 하나님의 잘못인 양 행동한다. 우리는 잭이 자신의 아버지를 거부했던 식으로 하나님의 사랑을 거부한다. 그것도 자신이 손해를 보면서까지 그렇게 행동한다.

나는 내 인생에서 매우 행복하고 달콤했던 순간들이 사라져버렸던 때를 기억하고 있다. 나는 고통 속에 눈이 멀었고, 나의 고통스러운 상황으로부터 나를 구원하여 안식을 줄 진정한 힘을 가진 하나님께 분노를 표출했다. 하나님은 궁극적으로 책임이 없으셨던가? 비록 하나님은 위대한 치료자이시지만 정말 내가 받았던 고통에 책임이 없으셨던 것일까? 나는 성경을 가르치는 교사였지만 이런 질문을 던지게 되었다.

나에게 있어서 우리 가족은 모든 사람이 꿈꾸던 바로 그런 가족이었다. 우리 부부에게는 귀엽고 애교가 많은 건강한 네 명의 자녀가 있었고, 우리는 만족하며 살았었다. 우리는 함께 기도하며 예배에 결코 빠진 적이 없었다. 심지어 내가 유명한 장학재단에서 연구 장학생으로 선발되어 박사 과정에 몰두하기 위하여 캘리포니아 교구의 목사직을 사임한 후에도 마찬가지였다.

우리 가족은 미네소타로 이사했으며, 나는 새로운 학문을 공부하기 위해 심리학을 전공하게 되었다. 아내와 나의 자녀들은 나를 뒤에서 후원하고 지지해주었다. 나는 속으로 "하늘에 계신 하나님, 세상에 모든 것이 잘되어 갑니다"라고 기도한 적이 있었다.

어느 날, 나는 학교에서 집으로 돌아와 간식을 먹으러 주방으로 갔다가, 놀랍게도 거기서 이혼하는 법에 관한 책을 발견하게 되었다. 아내는 나에게 "우리는 함께 대화할 시간이 없다!"라고 말했고 결국 우리의 결혼은 그렇게 끝나 버리고 말았다.

나는 벼락을 맞은 것 같았다. 비록 우리 부부에게 약간의 다툼은 있었지만, 아내에게 그렇게까지 부정적인 감정의 골이 깊었는지 전혀 몰랐다. 분명히 내가 아내의 불만을 신중히 살피는 데는 실패한 것이 사실이지만, 그것이 어떻게 이혼사유가 되고, 어떻게 이런 일이 있을 수 있는지 납득이 가지 않았다.

그날 이후로 이혼수속은 일사천리로 진행되었으며 법정 이혼명령서가 내 손에 쥐어졌고, 내 것이라고 생각했던 모든 것들이 사라지고 말았다. 나는 무기력해지고 꼼짝할 수 없게 되었으며 내 기분과 감정은 바닥으로 곤두박질쳤다.

이혼 전, 집에서 보낸 마지막 날은 최고조의 고통에 달했었다. 내 가슴은 납처럼 무겁고 차가웠다. 내가 학교에서 집으로 돌아왔을 때, 아내는 이미 대학의 야간수업을 받기 위해서 떠난 후였다. 네 명의 자녀들은 내가 곧 다른 곳으로 이사할 것이라는 얘기를 들었다고 하면서 슬퍼했지만 사태를 충분히 이해하지는 못했다. 그 후 나는 더 이상 가족들과 함께 살지 못했다.

이러한 상황을 겪게 되면 대부분의 자녀는 모든 문제의 책임이 자신에게 있다고 잘못 생각하게 된다. 자신의 문제도 해결하지 못하는 부모에 의해 우리 자녀는 사랑받지 못하고 있었다. 단지 내가 그들을 도울 수 있는 것은 저녁 식사를 준비하는 것이었다.

나는 너무 힘들어서 눈물이 터져 나오는데도 특별한 샐러드를 먹으며 웃어야 했다. 어린 딸들은 풍선껌을 뜯다가 잘못되어 그것이 샐러드와 함께 섞여 버렸다. 나는 그 순간 어쩔 줄 몰라 샐러드를 먹어야 할지 풍선껌을 그냥 놔두어야 할지, 아니면 나중에 껌을 씹기 위해 꺼내야 할지 머리가 멍해지고 혼란스러웠다.

나는 손에 여행 가방을 들고 현관문으로 걸어 나갈 때 가슴이 너무 아프고 무너져 내리는 것을 느꼈다. 비록 나는 어쩔 수 없는 상황과 맞닥뜨려 싸웠지만 이혼이라는 현실과 경쟁하여 이길 수 없었다. 더 이상 손을 쓸 수 없게 이혼은 최후 결정이 된 것이었다.

내게 가장 힘들었던 것 중 하나는 내게는 결코 이혼이라는 일은 일어나지 않을 거라는 생각이었다. 나는 우리가 옳은 일을 하고 열심히 노력하고 기도한다면 하나님이 모든 일을 형통하게 해주실 거라고 믿었다. 특히 가족관계에 있어서는 아무 문제없이 형통하게 해주실 것이라고 확신했었다. 그리고 가족이 함께 기도하고 항상 곁에 있는 것이 하나님의 뜻이라고 생각했다. 나의 부모님은 내가 다섯 살 때 이혼하셨다. 이혼 가정의 다른 아이들처럼 나는 부모님 같은 결혼생활은 하지 않을 것이라고 생각하고 좋은 결혼생활을 위해서 무엇이든 열심히 할 것을 결심했다. 그래서 우리는 부부갈등을 해결하려고 상담도 받았었다. 그런데 어떻게 내가 이혼의 소용돌이 속에 빠져들게 된 것일까?

나는 결혼생활을 잘 하고 있다고 확신해왔고, 가정생활에서 성공한 것으로 쉽게 생각했었다. 나는 신학대학원 과정을 성공적으로 마친 후, 두 교회에서 목회사역을 했으며 지원자들 가운데 단지 5퍼센트만이 입학이 허가되는 임상심리 프로그램 과정을 성공적으로 이수했다. 간단히 말하면, 국가에서 가장 유명한 프로그램 중 하나로 박사학위를 취득하고, 그에 소요되는 모든 경비를 연구 장학생으로 선발되어 지원받으면서 공부할 수 있었는데 이것은 정말 아무에게나 주어지는 기회가 아니었다. 나는 걱정을 좀 하는 편이기는 했지만 내게 나쁜 일이 발생할 것이라고는 심각하게 생각하지 않았다. 간단히 말해서 나는 다른 사람들처럼 불행과 고통을 겪지 않는 것에 대해 하나님께 감사하고 있었다.

내 결혼생활이 파탄에 이르고 내 가족이 상처를 입은 것이 다가 아니었다. 이런 일은 나에게 매우 고통스러웠고, 내가 완전히 실패자가 된 듯했으며, 부적응자처럼 느껴졌다. 다른 사람들은 밤에 귀가할 안전한 집과 돌아갈 따뜻한 가정이 있었지만 나에게는 그런 것이 없었기 때문에 더욱 그런 생각을 하게 되었다. 또한 나는 깨진 가정으로 말미암아 내 자녀가 수치심을 느끼고 있을 것이라는 생각에 나는 더욱 괴로웠다. 친구들은 나에게 곧 좋아질 것이라고 확신을 주었고, 또 어떤 친구는 다시 결혼해서 새 가정을 이루면 위로가 될 것이라고 말하기도 하였다. 그러나 나는 그런 일은 상상조차 해본 적이 없었다. 이미 앞에서 말했듯이 나는 삶을 새롭게 꾸려나갈 어떤 의미를 발견할 수 없었다.

정서적으로 나는 핀볼(pinball) 기계 속에 던져진 조그만 공처럼 연쇄반응으로 위태로웠다. 나는 점점 냉소적으로 변하고 차가워졌다. 누군가 실수하면 곧바로 비난하기 시작했는데, 심지어 평소 내 눈에 전혀 보이지 않았던 다른 사람의 행동에 대해 옳고 그름을 따졌다. 나는 내게 전부였다고 생각했던 가족과 내가 그동안 열심히 일해서 얻은 재산을 모두 빼앗겼다고 생각했기에 더욱 괴로웠다. 다른 사람들에게 "우리 엄마 아빠는 곧 이혼할 거에요"라고 말하고 다니는 열 살 된 아들 눈 속에 비친 비통함이 나를 더욱 화나게 했다. 내 아들과 딸은 이혼과 아무런 관련이 없는데도 이러한 모든 슬픔을 그들이 겪어야 한다는 것은 잘못된 일이었다. 나는 이혼을 판결한 판사와 법과 아내에게 복수하고 싶었다.

심지어 내가 배운 심리학도 도움이 되지 못했다. 나는 상담을 공부했고 성격이론에 대한 학위도 취득했고 인간행동을 이해하는 데 있어서 최고 학문을 연구했지만 그것들이 나의 가정과 내 자신을 회복시키지 못했다. 내 마지막 보루들이 나를 배신해버린 것이었다.

내 이야기를 계속하기 전에 나중에 알게 된 몇 가지를 언급하고 싶다. 몇 가지 행동은 내 상실과 고통에 더욱 영향을 주었다. 그리고 그것들은 내가 통제할 수가 없었다. 나의 외적 문제에 신경 쓰는 동안 나는 보다 깊은 영적 문제에 대해서는 전혀 관심을 갖지 못했다. 성경은 인생의 긴급한 문제나 사건들이 이 수준의 영역으로 이끈다고 말한다(잠 4:23).

왜냐하면 나는 이와 같은 영적 상태에서 어떻게 무장하고 방어해야 할지를 몰랐기 때문이다. 혼란, 그것은 모든 것 가운데 가장 절망스런 어둠이었다. 하나님은 이혼을 싫어하신다는 사실을 나도 알고 있다. 또한 성경은 하나님이 순수한 사랑이시며 무오하시다고 말한다. 그런데 어떻게 그런 하나님이 우리 부부에게 발생하는 이 사건을 제지하시지 않은 채, 우리의 소중한 가정과 나를 비참하게 만드는 악을 허용하실 수 있는가? 하나님은 이 비극을 막으셨어야만 했다. 이러한 혼란스러움은 짜증과 나의 의식적인 사고(thought)를 날카롭게 만드는 또 다른 감정을 유발했다.

나는 하나님에 대한 신뢰를 포기해버렸으며 절망이라고 불리는 영혼의 구덩이로 한 발짝씩 빠져들어 가게 되었다. 그때는 몇 가지 이유 때문에 내 영혼의 진정한 상태를 직시할 수가 없었다.

내가 루이스(St. Louis)의 콘코디아신학교(Concordia Seminary)에서 받은 교육은 보수적이고 성경에 근거한 것이었다. 그런데도 내가 영적으로 무지하게 된 첫째 이유는 다음의 주장들을 받아들였기 때문이다. 나는 당시 많은 동료 학생들과 함께 학계에서 '큰 인기를 얻고 있는' 신학자들과 접하게 되었는데, 그들은 "성경은 인간의 기원을 다룬 책이기는 하지만 사실 결점이 있는 책"이라고 가르쳤다. 그리고 그들은 "성경이 하나님의 진리를 담고 있으나 그것은 완전한 진리는 아니며, 이제 인간은 이 성경이 옳은지 그른지를 심판해야 할 때가 왔다"고 주장하는 것이었다.

둘째 이유는 심리학을 전공한 학생으로서 과학을 거의 오류가 없는 학문이라고 생각했다는 점이다. 그래서 만약 성경을 100퍼센트 믿을 수 없다면 '확실한 과학적 자료'에 근거하여 연구된 결과물에 기초하여 과학자들이 진리를 찾아낼 것이라고 확신하게 되었다.

셋째 이유는 내게 무엇이 일어나고 있는지 깨닫지 못한 채 나는 잠재적 신념 같은 것을 형성하고 있었다는 것이다. 즉 하나님은 알 수 없는 신비이고 과학은 인간 최고의 희망이라는 신념이었다. 나의 욕구는 나의 생활양식을 선택하는 데 있어 최고의 길잡이였다. 내가 생각하기에 나는 아무런 잘못이 없는데도 불구하고 깊은 상처를 입었다고 스스로에게 말했다. 그래서 나는 위로를 찾기 위해 무심한 하나님보다는 나를 위로할 만한 다른 것을 쳐다보게 되었다. 내가 전에는 결코 상상해본 적도 없는, 진리의 하나님을 대체할 만한 다른 무엇인가를 찾고 있었다.

아마도 고통에 대한 나의 '해결책'은 사람들이 일반적으로 선택한 것과는 다른 것일지도 모른다. 나의 내면에 진리의 하나님 대신 거짓 신을 슬그머니 그 자리에 앉혀놓고 있다는 것을 깨닫는 데는 긴 시간이 걸렸다. 왜냐하면 나는 술에 빠져서 그렇지 않아도 혼란스러운 삶을 복잡하게 만들었기 때문이다.

전에는 술을 가까이하지 않았지만 이제는 술을 많이 마시기 시작했으며 술은 혼자 있을 때든 친구들과 함께 있을 때든 저녁 시간마다 내게 버팀목이 되었다. 또한 다른 죄들도 저지르기 시작했다. 그렇지만 나는 여전히 매주 일요일이 되면 교회에는 빠짐없이 출석했고, 성경을 읽었으며, 주일학교 학생들에게 기독교 교리를 가르쳤다. 그런데 어느 날 아침, 나는 지난밤에 무슨 일이 있었는지 기억할 수가 없었다. 내 차의 범퍼가 엉망이 되어 있었던 것이었다. "내가 무슨 짓을 한 거지?", "지난밤 내가 어디에 갔었지?", "혹시 내가 교통사고를 낸 것인가?" 나의 내면에는 극도의 두려움과 수치심이 자리하게 되었다.

왜 나는 나 자신에게 상처를 주려고 하는 것일까? 아니 하나님께 앙갚음을 하려는 것일까? 나는 어떤 말도 하지 않았다. 하나님을 붙잡을까? 하는 생각을 하다가도 내 상처는 하나님의 잘못 때문에 생긴 것으로 생각하고 마음을 단념했다. 하나님은 나를 배신하셨고, 나를 악의 구렁텅이로 몰아넣으셨고, 나를 보호하지 않으셨으며, 나의 충성스러운 사역의 경력을 무시하셨고, 나의 기도에 응답하신다는 약속을 깨뜨리셨다고 생각했다. 또 하나님은 나를 위해 좋은 것이 아니라 나쁜 것을 선택하게 하셨다는 생각이 들면서 이 모든 상황에서 나는 하나님을 아주 강력하게 거부하기 시작했다. 이것이 내가 하나님과 단절하는 사건이었다. 내가 극도로 분노한 어느 날 밤을 기억한다. 오랫동안 잊고 지내왔던 일이 생각났는데, 그때 나는 파티에서 차를 몰고 집으로 돌아오고 있었다. 나는 사소한 좌절이 분노를 촉발했다는 것을 생각하지 못했다. 나는 내가 얼마나 격하게 하나님께 분노하고 소리쳤었는지를 잘 기억한다.

그러나 하나님은 나의 영적 단절을 치료하는 중이셨다. 만약 나 자신의 모든 것을 하나님 앞에 내려놓기만 한다면 하나님은 끊어진 다리를 재건하듯이 나의 영혼을 치료하신다는 생각을 하기 시작했다. 하나님이 내게 처음으로 다가오신 것은 바로 이런 방식이었다.

나는 한 친구가 하나님으로 인해 인생이 바뀌는 경험을 했다는 이야기를 들었다. "그것참 우습군! 하나님과의 경험이라고? 성령께서 무엇인가를 하셨다고? 그것참 이상하군! 하나님이 내게는 어떤 선한 일도 하신 적이 없는데…." 나는 내 친구가 신경증에 걸렸거나 아니면 자기 기만에 빠졌다고 생각했다. 그러나 나를 멈칫하게 했던 무언가를 기억했는데 그것은 내게 비슷한 경험에 대해 편지로 썼던 또 다른 친구가 있었다는 것이다. 그는 하나님은 살아계시고 자신의 인생을 바꾸어 목회사역을 하도록 하셨다고 썼다. 이러한 사실을 안다는 것이 이제는 의아한 일이 아니었다.

나는 누구나 자신이 처한 상황에 상관없이 하나님을 진정으로 찾는 자는 하나님의 사랑과 용서 그리고 하나님의 존재하심을 경험할 수 있다는 설교 테이프를 듣고 책을 읽기 시작했다. 나의 내면에서는 수많은 갈등과 묘한 감정이 솟구치기 시작했다. 물론 나는 틀림없는 기독교인이었고 성부 하나님과 성자 예수님 그리고 성령님을 확실히 믿는 사람이었다. 하지만 하나님이 나를 이렇게 깊은 수렁에 빠뜨리셨는데 내가 이러한 내용을 믿어야 하나?

나는 내 인생에서 잃어버린 것만을 생각하기 시작했다. 그러자 내 인생은 완전히 엉망이 되어 갔다는 것을 알았다. 나의 내면은 많은 의심과 회의로 가득 찼지만 나는 "회복될 수 있는 체험을 나에게 주십시오. 그러나 그렇게 하시더라도 너무 힘든 일은 일어나지 않게 해주십시오"라고 기도하기 시작했다.

그러나 내게는 아무 것도 일어나지 않았다. 물론 일어날 리가 없다고 생각하며 혼자 쓴웃음을 짓고 말았다. 그때 세 번째 친구가 나를 방문하여 그도 역시 '살아계신 하나님의 임재'를 경험했다고 말했다. 심지어 그는 하나님이 오늘도 기적을 행하고 계시다고 주장했다.

"그것은 우연한 일치나 환상 아니면 어떤 자기 암시의 결과이겠지…"라고 나는 반박했다. 그는 나를 위해 십자가의 참혹한 죽음으로 자기 아들을 이 땅에 보내셨다는 하나님의 위대한 사랑을 상기시켜 주었다. 비록 나도 머리로는 그것을 이미 알고 있었지만 내게는 효과가 없었다.

그가 방문한 마지막 날 아침, 한창 논쟁 중에 나의 45년 인생 중 내가 전혀 경험해보지 못한 일이 일어나고 말았다. 나는 그와 계속 내 자신의 처지에 대해서 그리고 이러한 모든 영적인 것에 대항하면서 논쟁 중이었다. 그때 나는 대화 중에 아무 말도 못하고 쓰러졌다. 정말 말 그대로, 내 두뇌의 언어기관이 실제로 텅 비어 버렸다. 어떠한 단어도 생각나지 않았다. 나는 입술을 움직였지만 한마디도 말할 수 없었고, 그 대신 눈물이 흐르기 시작했으며 그 순간 나는 흐느끼게 되었다. 이건 정말 신기한 일이었다. 나는 새로운 슬픔을 느꼈는데, 그것은 나에 대한 연민이 아니라 하나님께 내가 했던 것에 대한 슬픔이었다.

나는 고통을 겪고 있었기 때문에 하나님을 공격하고 의심하고, 비난했으며 하나님을 향한 나의 마음은 강퍅해졌다. 나는 분노가 치밀어 올랐고 하나님과 나 사이는 이미 단절되어 있었는데 이 모든 것은 내가 만들었다는 것을 깨닫기 시작했다.

그날 아침 하나님께 나를 용서해주시고 깨끗하게 해달라고 간구했다. 그리고 내 가족과 잃어버린 소유에 대한 것이 아닌 내 영혼을 회복시켜 달라고 기도했다. 그러나 그러한 일이 일어난 것은 내 친구가 나를 위해 기도했을 때였다.

처음에는 단지 기다림의 침묵만이 있었다. 하지만 그때 하나님은 확실히 거기 계셨다. 하나님이 성경에 약속하셨듯이 나는 하나님의 신령한 임재를 느낄 수 있었다. 처음으로 나는 직접적으로 뚜렷하게 내 존재의 중심에서 하나님의 사랑을 느껴 보았다. 나는 하나님이 내게 가까이 오셔서 내가 단절시켰던 모든 행위에도 불구하고 우리 사이의 단절을 치유하시는 것을 분명히 느꼈다. 나의 잘못과 불신과 반항 그리고 의도적으로 나쁜 일을 저지름에도 불구하고 나를 외면하지 않으시고 내게 찾아오신 것이었다.

몇 주가 흐른 뒤, 성경책을 읽으려고 펼쳤을 때 말씀이 내 삶을 전율하게 했다. 게다가 나는 어떠한 '과학적' 비평에도 아랑곳하지 않고 내 존재 중심에서 이 말씀이 진리라는 것을 깨달았다. 내 마음은 변화되었고, 내가 소중히 생각하고 원했던 그 무엇보다도 더 간절히 하나님을 기쁘시게 하고 신뢰하고 싶었다.

또한 나중에 알게 된 것은 술에 대한 관심이 사라졌다는 것이다. 나는 지금으로부터 18년 전인 1971년, 그날 이후로 술을 마시고 싶은 생각이 완전히 사라졌다. 이것에 대해 말하기가 꺼려지는 것은 하나님은 항상 동일한 방식으로 역사하시지 않기 때문이다. 나는 하나님을 만난 이후로도 오랫동안 술과 담배로부터 벗어나려고 애쓰는 많은 사람을 알고 있다. 나는 내가 받은 즉각적인 은혜를 경험해보지 않은 사람들에게 잘못된 인상을 주고 싶지 않다. 하나님은 '특별한 자'에게만 나타나시는 분이 아니다. 하나님을 찾는 누구에게나 어떤 어려움에 있든지 언제나 나타나기를 원하신다.

나는 하나님이 각자에게 특별한 길을 예비하셨다는 것을 이제야 깨닫게 되었다. 그리고 하나님이 선택하신 방법이 최고라는 것도 알게 되었다. 내 마음속에서 내 자신에게 말하는 '자기 대화'가 변하기 시작했고, 더욱 순수해졌으며, 삶이 진실해지기 시작했다. "하나님은 진실하시다"라고 내 자신에게 계속해서 말했을 때 슬픔과 우울감이 사라졌다. 나는 기쁨의 소식을 들었기에 더는 술이나 감각적인 자극을 찾지 않았다. 이제 나는 기쁨을 어디서 찾아야 하는지를 알게 되었다. 거기에는 평화와 안식이 함께한다는 사실도 알게 되었다. 내 마음은 변했고 내 인생 역시 내면으로부터 변하고 있었다. 나는 아버지의 포근한 품, 즉 '안식처'로 여행을 시작했다.

1. 인생, 새로운 출발점으로부터

회개란 신약성경에 나타난 문자적 의미에 따르면 새로운 마음을 갖는 것을 뜻한다. 내 마음속에 가지고 있었던 오래된 거짓말이나 불신을 하나님의 실재와 돌봄에 대한 진리로 바꿀 때 움켜쥐고 있었던 거짓말을 버려야 했다. 알다시피 성령 안에서 하나님과의 인격적 만남은 우리 가슴에 그 충격을 가하는 어떤 것보다도 훨씬 더 충격적이고 중요한 일이다. 이 인격적 만남은 '진리의 영'이신 성령과의 만남이다(요 16:13). 하나님은 삼위일체로 단순히 추상적이기만 한 존재가 아니라 실제로 인간의 삶을 변화시키는 능력을 갖추고 계신 분(빌 2:13)이시다. 하나님의 능력이 나타나는 한 가지 방법은 진리의 빛으로 의심, 거짓, 그릇된 신념의 어둠을 몰아내는 것이다. 다른 말로 하면 그 능력은 진리 안에 있다는 사실이다.

진리는 '자기 대화' 속으로 즉시 들어왔고, 지금까지도 계속된다. 나는 또 다른 위기에 직면해야만 했다. 나는 의심, 질문, 논쟁, 무응답이 인생의 한 부분이라고 믿는다. 그러나 지금 내가 알고 있는 것은 진리의 영을 의지할 수 있다는 점이다. 하나님은 나에게 하나님과의 단절된 신호를 '자기 대화'를 통해 세심히 관찰하게 함으로써 내게 알려주신다. 그때 나는 하나님으로부터 멀어지게 만드는 그릇된 신념에서 벗어날 수 있다. 그리고 나의 그릇된 신념을 하나님은 어떤 분이시며, 하나님이 내게 원하시는 것이 무엇인지에 대한 진리로 대체하게 되었다.

시간이 흐른 후, 내 삶은 온전히 바뀌었다. 하나님은 내가 잃은 것보다 더 많은 것을 다시 채워주셨다. 아내 캔디(Candy)는 내가 아무 것도 하지 않는데도 다시 내게로 돌아왔다. 그녀도 살아계신 진리의 성령님을 인격적으로 만나게 되었고, 술로 보내는 삶에서 완전히 벗어나게 되었다. 우리는 재결합을 했고, 몇 달 후 판사는 자녀가 집으로 돌아오는 것을 허락했다.

가장 중요한 변화는 외형적인 것이 아니라 내면으로부터 비롯되었다. 예를 들어 오늘 아침 내가 바흐(Bach)의 B단조 미사 중 영광송(*Gloria in Excelsis*)을 듣고 있을 때, 나는 하나님께 경배와 감사를 자발적으로 드리고 싶은 마음이 생겼다. 그것은 경험할 때마다 기묘한 새로움으로 다가왔다.

나는 과거에 내가 진심으로 하나님을 찬양할 수 없었던 시절을 떠올렸다. 그때 나는 "내 인생이 어려움 가운데 처했을 때 하나님이 도움의 손길을 주실 때만 하나님을 하나님으로 인정할 것이다. 이것은 하나님이 나의 환경을 바꾸시고 나의 곤란한 일을 제거하시는 여부에 달려 있다. 만약 하나님이 그렇게 하시지 않는다면 하나님은 무능력하시고 기만하시는 분이다"라고 말했었다.

간단히 말해서 나는 하나님을 신뢰하지 않았었다. 그래서 하나님께 대한 분노와 관계 단절은 하나님이 나의 인생에서 마땅히 하셔야 할 것을 하시지 않은 결과라고 생각했다. 그러나 나는 하나님과의 갈등 때문에 더 멀어지게 되었고 상황은 매우 고통스럽게 되었으며, 내가 알고 있는 최악의 상태인 심한 고통과 소외감을 겪게 되었다. 그리고 나 스스로 하나님을 거부했던 것이다. 술을 의지한 것도 내가 자초한 하나님과의 단절의 결과였다. 그러나 나의 분노를 다스리는 데 있어 술은 정당한 것이라고 생각했다. 만약 내가 진리에 대한 왜곡된 면을 발견하지 못했었더라면 나는 인생 밑바닥까지 내려가 거기서 죽었을지도 모른다.

이러한 경험을 회상하는 기회, 즉 수많은 내담자의 삶을 관찰하면서 나는 하나님의 순수한 자비와 사랑을 느끼게 되었다. 루터가 말한 "어떠한 자비와 가치가 내 안에 없다면…나는 이렇게 좋지 않은 감정이 지속될 때 내 영혼 깊숙이 들어가 하나님과의 단절을 깊이 생각해보아야 한다"라는 것을 알게 되었다.

하나님과의 단절이 고난을 겪는 자에게 오랫동안 감추어진 채 남아 있다.[1] 만약 고통이 단순히 우리 몸의 화학적 이상 반응(일부 우울증처럼)에 의해 기인한 것이 아니라면, 대부분의 정서적 고통은 우리 마음속에서 반복하여 일어나는 그릇된 신념 때문에 발생한다. 이러한 그릇된 신념이 곧 우리를 바른길로 인도하시는 하나님과의 싸움에 해당한다. 이러한 싸움은 몇 가지 구조로 되어 있다.

어떤 사람에게 있어서 싸움은 그들의 작은 바람이 최상의 것이라고 믿을 때 시작된다. 우리는 이렇게 말하곤 한다. "만약 내가 이 학교에 들어갈 수 있다면…나는 그 직업을 얻을 수 있었을 텐데…", "만약 그가 날 사랑하지 않으면 난 불행할 거야…", "왜 인생

---

[1] 나는 A. T. Beck, Albert Ellis, Russell과 Ingrid Grieger, B. Meichenbaum, R. Novaco, Gary Emery 등 많은 인지심리학자들의 글을 연구하면서 이러한 단절의 중요성을 발견했다. 더욱 중요한 것은 바울서신(특히 로마서), 시편 그리고 예수님의 가르침이었다. 이러한 발견은 수많은 임상적 대화를 통해서 확신했다. 사실 대부분 정서적 문제들은 궁극적으로 하나님과 갈등에서 비롯된다. 이 뿌리를 이해하기 위해서 우리는 이전에 진행했던 것보다 더 심도 있게 연구할 필요가 있을 지도 모른다.

은 내가 원하는 방식대로 당장에 변하지 않는 거지?"

또 다른 사람들에게 있어서 싸움은 누가 보아도 나쁜 일을 선한 일이라고 생각할 때 발생한다. 우리는 다음과 같이 말한다. "결혼하지 않을 사람과 자는 것이 왜 나쁘지?", "내게 도움이 되고 다른 사람에게도 도움이 된다면 왜 거짓말이 나쁜 것이지?", "만약 내가 좀 더 충실하게 하지 않을거라면 내 가족과 아내를 떠나는 것이 나쁘다고 생각해서는 안 돼."

그리고 어떤 사람들은 반대로 즉 좋다고 생각한 것이 실제로는 나쁜 것이라고 믿을 때 문제가 된다. 앞에서 말한 잭의 경우처럼 우리는 "아무도 나에게 무엇을 해야 할지 말하지 않는다", "그것은 내 인생이고 만일 누군가 내가 선택한 것에 대해 관심이 있다면 그것은 그들의 문제이다", "사랑? 헌신? 결혼? 이 모든 것은 누군가가 당신에게 인생을 잘 경영하라고 주는 자격증이다"라고 말할 것이다.

결국 언제나 논쟁은 비인격적인 우주와의 싸움이나 단절이 아니라 누군가(Someone, 즉 하나님)와의 싸움과 단절로 귀결된다.

그렇다면 우리의 가장 커다란 문제는 우울함이나 근심, 걱정 또는 분노가 아니다. 그것은 우리를 어렵게 하거나 복잡하게 하는 것으로서의 단순한 과거사가 아니다. 또한 질병도 사고도 상실도 고통도 아니다. 심지어 우리의 가장 커다란 문제는 우리가 저지른 죄도 아니다. 그것은 우리의 창조주와 밀접한 연합 안에서 사는 인생의 평화, 기쁨, 사랑으로부터 우리 영혼과 우리 자신을 분리하고자 하는 깊은 단절이다.

이 책은 고통과 탐구와 공허에 지친 사람들을 위해 쓴 것이다. 즉 강박증에서 벗어나기를 원하는 사람들, 진정으로 자신을 도울 수 있는 상담자를 찾는 사람들, 인생의 목적과 의미의 기반 위에 굳건히 서기를 갈망하는 사람들을 위한 책이다.

나의 체험으로부터 깨닫게 된 것은 하나님은 변함없이 우리에게 다가오기를 원하시는 분이라는 사실이다. 그리고 우리와 더 친밀하게 함께 걷기를 원하시고 우리가 필요로 하는 모든 것을 가지고 계시며 우리가 알지 못하는 놀라운 일을 행하시는 하나님의 사랑으로 우리를 감싸 주기를 원하신다는 것이다.

우리 삶이 무너졌을 때 하나님은 우리를 초대하신다. 그리고 하나님은 그곳에서 우리가 돌아오기를 기대하면서 가슴 졸이며 기다리고 계신다. 이사야 선지자를 통한 하나님의 부르심이 오늘날 우리에게도 해당한다. "이리 와서 나와 함께 생각해보자!"

그것이 우리가 지금 시작할 수 있는 여행이다.

불평

오, 갈릴리의 하나님의 사람이시여!
당신께서는 내 마음을 아프게 하셨습니다.
왜냐하면 내가 당신을 그토록 필요로 했을 때,
내게 오지 않으셨기 때문입니다.

오, 갈릴리의 하나님의 사람이시여!
당신께서는 내 믿음을 저버리셨습니다.
그렇게 이해하기 어렵고 캄캄한 상황에서
당신께서 등을 돌리시고
내게 오지 않으셨는데,
어떻게 내가 믿음으로 구할 수 있겠습니까?

오, 갈릴리의 하나님의 사람이시여!
당신께서는 나를 치료할 수 있으셨을 텐데
치료할 수 있으셨는데
심지어 그 중요한 순간에
총을 겨누었으나 불발로 끝났습니다.
그리고 당신께서는 공허한 하늘 속으로 얼굴을 숨기셨습니다.

오, 갈릴리의 하나님의 사람이시여!
당신께서는 내 날개를 부러뜨리셨습니다.
제가 얼마 전에 당신께 가려고 날개를 저으려 했으나
너무 지치고 비탄에 잠기게 되어 단지 죽어서만
저는 다시 날 것입니다.

마르다가 예수님께 말씀드리기를
"주님, 당신께서 여기 계셨더라면,
나의 오라비가 죽지 않았을 것입니다."
예수님께서 그녀에게 말씀하시기를
"네 오라비가 다시 일어날 것이다."

너희 구속자 예수님이 말씀하시기를
"잠깐 나는 너를 버렸지만
큰 사랑으로 나는 너희를 다시 모을 것이다.
잠깐 울분으로 너희에게 내 얼굴을 숨겼지만
영원한 사랑으로 나는 너희를 긍휼히 여길 것이다."

2장
고통이 지속될 때

어니스트 헤밍웨이(Ernest Hemingway)는 인생에 대해서 이렇게 말했다.

> 인생이 우리에게서 모든 것을 망가뜨린 후에, 많은 것이 그 망가진 자리에서 강해진다.

어떤 사람은 상처받는 곳에서 오히려 강하게 된다. 그러나 대부분의 사람은 그 상처 나고 깨진 장소에 상처받은 채로 머무른다. 왜 그런가? 많은 사람이 자신의 상처를 숨기고 강해지려 하며 '어른'이 되려고 하기 때문이다. 그들은 심지어 처음 장소가 파괴되었다는 것도 부정하려 한다. 또 다른 사람들은 자신의 영혼 깊숙이 단절이라는 문제가 생겼을 때 '재빠른 맞춤식' 답변을 찾거나 강박적으로 외적 환경이나 관계를 극복하고 변화시키는 방법을 말해 줄 사람을 찾는데 시간을 보낸다.

내가 절망이라는 구덩이에 빠져 있을 때, 나는 후자 쪽이었다. 나는 문제를 해결하기 위해서 결혼상담, 심리치료, 종교 등 모든 노력을 기울였다. 그러나 그 어떤 것도 내 고통을 감싸주거나 해결해주지는 못했다. 상담실습을 할 때 나는 사랑하는 사람의 상실, 배우자의 외도, 기회 박탈, 실망스러운 거절, 좌절된 야망, 심지어 40대 진입 등의 문제에서 바로 회복되지 못하는 내담자로부터 여러 번 "나는 모든 노력을 기울였어"와 같은 말을 들었다.

많은 사람이 자신의 문제를 술로 잊으려고 한다. 반면 어떤 사람들은 마약으로 고통을 감소시키려고 노력한다. 또 다른 사람들은 침착한 체 한다. 아무리 안 좋은 상황에서도 한 가지 긍정적인 측면은 있다. "모든 것이 다 잘 될 거야! 힘내!"라는 문구를 주문을 외우듯이 암송하며 거짓된 영적 흐름 속에 빠져든다. 그리고 이것을 통해 발견하게 되는 것은 공허함뿐이었다. 또 어떤 사람들은 종교적 행위를 열심히 실천하면서 노력한다. 즉 "나는 교회에 더 열심히 가고 더 오래 기도하고 더 많이 헌신할거야!"라고 말하며 종교적 행사에 몰두한다.

심리학자들은 어떤 일에 몰두하여 문제를 없애려고 노력하는 유형, 즉 불법적 성매매나 왜곡된 성에 몰두하여 부정적인 감정을 없애려는 유형에 대해 기술했다. 관능적 쾌락이 그들로 하여금 일시적인 기억상실을 가져오는 일에 몰두하게 한다. 최근에 시각화는 음악 속에 감추어진, 소위 '부지불식 중에' 영감을 불러일으키는 메시지가 있는 오디오 테이프처럼 큰 역할을 감당하고 있다. 다양한

요가체험, 초월적 명상, 마음 다스리기 그리고 '급부상하는 우상'이 되고 있는 채팅은 이상한 신들과 교통하는 통로가 되고 있다.

대부분의 사람이 상담을 간과하지는 않는다. 그들은 성직자에게 도움을 요청한다. 그러면 성직자들은 기꺼이 그들의 영혼을 도우려고 애쓴다. 그리고 때로는 그들이 할 수 있는 것보다 더 친절하게 도와주려고 한다. 이러한 사역이 많은 사람의 어려움을 해결하고 믿음을 주는 데 성공한다. 그러나 너무 자주 그들은 자기들이 상담한 내담자들을 도울 수 없을 때 좌절감을 느낀다. 심리학자나 정신분석학자 역시 이러한 어려움에 봉착한다. 그들 중 많은 사람이 실은 이러한 갈등의 진짜 영역은 무의식보다 더 깊은 곳에 자리잡고 있다는 것을 깨닫지 못한다.

그래서 많은 목회자와 상담자가 지쳐서 절망감과 상처를 입은 후에 "나는 모든 것을 다해봤으나 아무런 도움도 받지 못했어!"라고 말한다. 아무런 효과가 없을 때, 즉 아무것도 진정으로 영원한 해결책이 없을 때 나는 이때가 더 깊이 전진해야 할 때라고 말하고 싶다.

이제 진정한 건강과 행복으로 회복하는 여행을 배우기 전에 모든 것을 다 시도해보려고 생각했던 마르타(Marta)라는 한 여성에 대해서 살펴보기로 하자.

1. 마르타

상담실에서 우리사이에 흘렀던 침묵이 잠시 그녀를 관찰할 수 있는 기회를 주었다. 내 앞에 앉아있는 슬픔에 잠긴 여성은 말을 멈추고 멍하니 창문 밖 나무 끝자락을 응시하고 있었다. 그녀는 더 이상 예쁜 금발의 젊은 여성이 아닌 약간 비만이 있는 여성이었다.

정말 그녀는 내가 교회에서 알고 있는 사람들이나 내가 상담실 밖에서 만났던 친구들(심지어 내 가족들)과 다르지 않다고 생각했다. 항상 나는 나의 내담자들이 다른 행성에서 온 이상한 사람들이 아니라고 생각해왔다. 심지어 상담 및 심리치료사들도 별반 다르지 않았다. 나의 내담자는 단지 삶의 일반적인 문제로 도움을 받기 위해 상담 및 심리치료사에게 찾아온 아주 평범한 사람이었다.

마르타의 우울증은 약 4년 전부터 시작되었다. 어느 날 그녀는 차고에서 차를 뺄 때 자신의 아들이 도로 위에서 왔다갔다하는 것을 보지 못했다. 그래서 그녀는 자신의 차로 아들을 치게 되었고, 아들은 갈비뼈가 으스러져 사망하고 말았다.

장례를 마친 후 그녀는 자신을 심하게 자책했다. 죄책감과 질책이 그녀 가슴에 파고들었다. 곧 마르타는 거울에 비친 자신을 경멸하기 시작했다. 그녀는 인생의 즐거움을 거부하고 자기 안으로 모든 것을 가두고, 심지어 두문불출하며 자신에게 벌을 주었다. 아무도 그녀가 가치 있는 사람이라고 설득하지 못했다. 왜냐하면 그녀는 스스로 자신의 아들을 죽인 잔인한 살인자라고 보았기 때문이었다.

그녀를 돕기 원하는 사람들은 그녀에게 자기 자신을 비난하는 것은 잘못된 것이며 그녀는 아무 잘못이 없고 단지 그것은 사고에 불과하다고 말했다. 그러나 그 말은 그녀에게 통하지 않았다. 상담 및 심리치료사는 그녀를 탓하는 부모님과의 관계를 알고서 무엇인가를 깨닫게 되었다. 마르타의 문제는 바로 자신을 비난하기로 결정했다는 점이다. 그녀는 항우울증 치료를 위해 약을 18개월 동안 복용했다. 그러나 그것은 그녀에게 전혀 도움이 되지 않았다.

그녀가 나를 찾아왔을 때 그녀는 내가 마지막 희망이라고 생각했다. 이건 정말 끔찍한 상황이었다. 그녀가 말을 꺼냈다.

"선생님께 무슨 말을 해야 할지 잊어버렸어요."

잠시 후 갑자기 그녀는 생각난 듯이 말했다.

"저는 심지어 설탕도 끊었어요. 왜냐하면 친구들은 제가 설탕에 빠져있다고 생각했기 때문이죠. 그래서 저는 에어로빅도 하고 마사지도 하고 침술도 받았어요. 교회의 어떤 친구들은 제가 귀신들렸다고 말해서 저는 귀신을 쫓아내는 기도까지 받은 적이 있었어요."

"약간은 좋아지고 홀가분한 것 같았지만 결국 더 좋아졌다는 느낌은 들지 않았어요. 친구들은 결국 제 말에 지쳐버렸고, 그들은 제 문제가 자기 연민이라고 했어요. 그들도 저도 다 지쳐버렸지요."

마르타와의 만남을 계속 가지면서 그녀가 나에게 직접 말하기보다는 무엇인가 암시에 의해 무심코 드러내는 것이 그녀 안에 있음을 알았다. 예를 들면, 기도할 때에 어떠냐고 물으면, 그녀는 '공허하다'라고 말했다. 그런 후에 그녀는 "하나님이 제게 제가 말할 차례라고 말씀하시는 것 같아요"라고 중얼거렸다. 또 간혹 그녀는 기도가 무언가를 바꿀 수 있다고 믿는 것은 순진한 생각이라고 말했다. 그리고는 상담 대기실에서 우연히 말하는 것을 들었는데, 그녀는 "나는 너무 원칙주의자야!"라고 말했다. 그러나 마르타는 대부분의 시간에 스스로 마음의 문을 닫아두었으며, 이러한 감정의 단서들은 아주 드물게 노출되었다.

마르타의 저항에도 불구하고 내가 관찰한 것은 그녀는 아주 깊이 분노하고 있었는데, 그것도 가끔이 아닌 항상 그랬다는 것이다. 그러나 그녀는 그 사실을 인식하지 못했다. 무엇인가 그녀의 내면 깊은 곳에서 잘못되었는데, 마르타는 자신의 의식세계가 주목받는 것을 원하지 않았다.

최근 어느 날 아침, 그녀는 다음과 같은 말로 상담을 시작했다. "선생님도 아시다시피, 제가 주님을 선택할 권한을 가지고 있다고 생각해요. 그리고 저는 하나님 때문에 아주 당황스럽습니다. 왜냐하면 선생님도 아시다시피 하나님이 제게 이런 상황을 허락하셨으니까요." 그녀의 목소리가 잦아들었다. 그때 그녀는 아무렇지도 않은 듯 "글쎄 다시 재수 없는 날이 되겠죠"라고 말했다. 얼마 동안 그 깊은 문제는 묻힌 채 남아있었다.

2. 관찰

조금은 긴급한 질문을 살펴보기 위해 마르타 이야기는 잠시 뒤에 다루기로 하자.

왜 마르타와 같이 많은 사람이 실제 문제를 계속해서 숨기거나 무시하는 것일까? 왜 많은 사람이 하나님에 대한 분노가 질병의 근원이라는 사실을 부정하는 것일까?

한 가지 가능성은 그들이 단지 그 사실을 보지 못한다는 점이다.

그러나 물론 거기에는 다른 이유도 있을 것이다. 즉 많은 사람이 하나님에 대한 분노는 너무 민감한 것이라 다루기 어렵다고 생각한다. 어떤 부분에서 그들은 자신이 하나님과 멀어지거나 분리되어 있거나 관계가 좋지 않다는 것을 알고 있다. 대부분의 사람은 이런 문제를 다루려고 하지 않고 그냥 덮어버리거나 지나쳐버린다. 왜냐하면 그것을 인정하기가 너무 두렵기 때문이다.

왜 이렇게 망설이고 지나쳐버리는 것일까? 그것은 바로 두려움 때문이다. 만약 하나님이 이 사실을 아신다면 어떻게 하실까? 한 인간만이 아니라 기독교인인 그들에게 뭐라고 말씀하실까?

하나님에 대한 분노를 표출하는 것은 우리 믿음의 기초가(우리가 의식적으로 믿는다고 말하는 것) 또 다른 생각의 단계에(우리가 진정으로 믿는 것) 있다는 것이다. 그리고 우리가 하나님으로부터 분리되었다고 정말로 믿을 때, 그때에 우리는 그릇된 신념으로 고통을 받게 된다.

내가 이미 그릇된 신념이란 용어를 여러 번 사용하였기에 여기서는 몇 가지 예를 들어 그것이 무엇을 의미하는지 제시하고자 한다.

> 하나님은 날 위해서 하나님의 아들을 이 땅에 보내주시고 십자가에 못박혀 죽게 함으로써 나를 구원하셨는데 만약 내가 하나님과 갈등을 한다면 나는 하나님께 배은망덕한 자가 될 것이다.
>
> 하나님은 내가 하나님과 문제가 있다는 것을 이해하지 못하실 것이다. 그리고 하나님은 단지 내가 "잘 되도록" 하기 위해 말씀만 할 것이다.
>
> 내가 하나님께 분노하고 있다는 것을 용인할 수 없다. 하나님은 너무 강한 분이어서 나를 멸망시킬 수도 있으시다.

만약 내가 화를 내면 하나님은 정말 분노하실 것이고 내 축복을 거두어 가실 것이다. 그리고 그것이 얼마나 나쁜지 내게 보여주실 것이다.

만약 내가 하나님과 갈등을 한다면 그것은 내 자아상을 망치는 일이 될 것이다. 사람들은 나를 괜찮은 기독교인이라고 생각할텐데, 만약 내가 하나님께 화를 내고 있다는 것을 인정하면 나는 완전히 실패자가 되는 것이다.

나는 하나님의 축복을 받을 가치가 있다는 것을 증명하기 위해 오랫동안 열심히 일했다. 만약 내 안에서 결점을 발견한다는 것은 실패라고 볼 수 있다.

훌륭한 기독교인은 화를 내지 않는다. 그들은 절대로 하나님과 논쟁하지 않는다.

만약 나와 하나님 사이에 어떤 잘못된 것이 있다고 생각한다면 나는 쓰디쓴 상실감과 말할 수 없는 절망감을 갖게 될 것이다.

이런 것들은 모두 그릇된 신념이다. 왜 내가 이런 것들을 그릇된 신념이라고 말하는가? 왜냐하면 그것은 진리의 말씀에 근거를 둔 것이 아닌 오해와 실수 또는 잘못된 가르침에 기초한 신념이기 때문이다(이에 대한 자세한 것은 7장에서 다룰 것이다).

이제 우리의 그릇된 신념이 하나님으로부터 우리를 숨기는 데 일조한다는 것을 충분히 이해하게 되었다. 왜냐하면 우리가 상처 주고 공격하고 하나님을 쫓아내는 것을 두려워하기 때문이다. 또는 하나님이 우리를 벼랑으로 몰아세우셔서 우리가 얼마나 영적으로 무장되어 있는지 시험하시는 것을 두려워하기 때문이다. 대부분

이러한 그릇된 신념들은 우리에게 위기가 닥칠 때까지 알지 못한다. 심지어 위기 상황에서조차 하나님에 대한 분노의 감정이 끓어오르면, 우리는 자책감을 통해 그것을 덮어버린다. 그 결과는 우리가 해결할 수 없는 육체적, 정서적 질병으로 나타난다. 왜냐하면 우리가 하나님을 고소하면 누가 우리를 위할 것인가라는 그 문제의 근원을 감추어야 한다고 생각하기 때문이다.

만약 지금 당신이 하나님께 화가 났다면 당신은 그러한 분노를 느끼는 첫 번째 사람은 아니다. 만약 당신이 하나님과의 갈등을 스스로 감추어왔다면 당신은 현실에 직면함으로써 알 수 있을 것이다.

요나는 하나님께 화가 났다. 그렇지만 하나님은 요나와 여전히 함께 계셨고, 그의 교만과 판단과 용서치 않는 태도에 대해서 온유하게 가르치셨다. 욥은 자신의 고통과 자신의 모든 것을 상실한 것에 대한 좌절을 호소했다. 그러나 하나님의 첫 번째 반응은 그에게 윽박지르는 것이 아니라 잔잔히 말씀하시는 것이었다.

무지한 말로 생각을 어둡게 하는 자가 누구냐(욥 38:2).

성경을 통하여 하나님은 사랑이시고 화내기를 더디 하시고 신속히 용서하는 분이시며 우리가 상처받을 때 같이 아파하는 분이심을 나타내 보이셨다(출 34:6; 신 28:1-14; 시 30:1-5; 마 23:37; 롬 8:31-39).

화가 날 때 행할 몇 가지 기본적인 순서가 있다. 그것은 우리에게 있는 그릇된 신념을 발견하는 것이다.

3. 그녀가 자신의 본래 모습으로 회복되었을 때

마침내 마르타는 자신의 문제에 직면하기로 했다. 나는 마침내 그녀에게 다음과 같은 생각을 해보았는지 질문하며 '문제의 근본'에 접근했다.

"하나님은 전능하신 분이기 때문에 만약 작정만 하셨다면 아기를 구할 수 있으셨을 텐데…"

그녀는 내가 이러한 질문을 끄집어낸 것에 충격을 받았다.

"하나님은 제 아기가 천국에 있길 원하세요. 저는 그렇게 생각하고 싶어요." "모든 일이 최선의 결과일 거예요. 그렇지 않은가요?"라고 대답했다. 그리고 눈물이 그녀 뺨으로 흐르기 시작했다.

"당신은 하나님이 아기를 천국으로 데려가시는 분으로 생각하고 싶은가요?"

이런 질문이 그녀에게 다소 상처가 될 줄 알지만 나는 그녀를 좀 더 자극했다. 그녀 내면에 있는 무엇인가를 곧 드러나게 할 것이기 때문이었다.

"네, 그래요." 그녀는 더욱 흐느꼈다.

"그렇다면 왜 울죠?"

"모…모르겠어요. 제 잘못이에요. 제 자신이 미워요. 하나님은 멀리 가버리신 것 같아요. 모르겠어요."

"당신은 비록 당신이 말한 것처럼 이 모든 것이 최선의 선택이었다고 하더라도 당신 자신과 또 이렇게 눈물짓게 한 하나님과 아기에 대해서도 기분이 나쁜 거죠?"

"네, 저는 자신에게 그렇게 말했었죠. 그러나 위선인 것 같아요. 저는 아기를 원해요."

"당신의 온갖 노력에도 고통은 가시지 않는군요. 당신은 왜 그런지 모르고 있고요."

"만약 그날 제가 무엇을 하고 있었는지 주의를 기울이고 있었더라면…모르겠어요. 왜 이 일이 일어났는지…왜 하필이면 제 아기죠? 왜 하나님은 나로 멈추라고 말씀하시지 않았지요? 저에게 경고라던가 그 무엇이라도 말씀을 하셨어야지요?"

"비록 당신은 이 모든 것을 당신 잘못으로 인식하고 있지만…" 나는 그녀를 설득했다. "당신은 아직 하나님께 의문이 있군요. 왜 하나님이 당신 아기를 데려가셨는지, 왜 하나님이 이런 일을 하셨는지…"

"하나님을 비난하고 싶지 않아요. 하나님 잘못이 아네요. 제 잘못일 뿐이에요. 그렇지만 저는 너무 혼란스러워요."

"네, 당신은 하나님을 비난할 의도가 없군요. 그러나 하나님이 이 사고를 막으실 수 있었다고 생각하는 것은 당신에게 아무 도움도 되지 않잖아요? 그리고 하나님이 당신 아이를 구하실 수도 있었다고 생각하는 것 또한 아무 도움이 되지 않고요."

"하나님은 전지전능하시죠. 하나님은 어떤 것이라도 할 수 있으시죠. 그런 하나님이 왜 이 일을 막지 않으셨냐는 말이에요? 저는 하나님께 아이를 죽지 않게 막거나 구할 수도 있지 않느냐고 말할 수 없어요. 그래서 하나님이 잘못하셨다는 생각을 하면 저는 죄책감이 들어요. 대부분이 이렇게 생각하지 않나요. 그렇죠?"

"음, 그래서 당신은 그러한 생각을 했다는 것 때문에 두려움을 느끼는군요. 제 생각에 당신은 또 다른 감정이 있는 것 같은데, 그렇지 않나요? 그러니까 문제를 일으키고 싶지 않은 감정 같은 거요?"

"또 다른 감정이요? 확신하기 어려워요. 제 생각에는 거기에 집착하는가 봐요. 그게 끔찍하지 않나요? 당신은 제가 하나님께 화가 났다고 생각하시나요? 그것이 정말 나쁜 건가요?"

그날 이후 계속되는 대화를 통해서 그녀는 점점 회복되어 갔다. 이는 우리가 실제적인 고통의 근원을 다룰 수 있었기 때문이다. 마르타의 고통은 치료할 수 없었다. 왜냐하면 그녀는 그 사실을 감추었고 부정했으며, 인생의 생사화복을 주관하시는 하나님과의 깊은 단절을 숨기고 있었기 때문이다. 그녀는 자신이 하나님께 분노하고 있다는 사실을 덮어버렸다. 왜냐하면 그것을 인지한다는 것은 끔찍한 것이기 때문에 그녀는 자신을 비난했던 것이다.

그녀에게 하나님과 그녀 자신에 대한 그릇된 신념이 들어와 작용한 것이다. 가장 명백한 그릇된 신념은 자기 자신을 숨겨야 한다는 것이었다. 그녀의 초췌한 모습과 우울증은 그녀가 아이를 죽인 '나쁜 엄마'로 자신을 벌하고 있었기 때문이다. 이로써 그녀는 성경에서 분명히 우리에게 약속하신 성령의 위로를 얻지 못했다(요 14:15-21). 이러한 자기 비난의 단계에서 그녀의 의식 속에는 좀처럼 그녀의 마음에 용납할 수 없었던 또 다른 그릇된 신념이 있었던 것이다. 그녀는 그것들이 너무나 두려운 것이라 드러내기가 어려웠던 것 같다. 즉 "어떻게 감히 내가 완전하신 하나님을 비난할 수 있어? 어떻게 하나님께 화를 내? 하나님은 전지전능한 분이신데…신자는 하나님께 결코 화내지 않아! 단지 언제나 신뢰할 뿐이지! 만약 내가 하나님께 화를 내면 나는 정말 나쁜 사람임에 틀림없어! 그런 사람은 지옥에 갈 거야!" 등의 그릇된 신념들을 드러내기가 어려웠던 것이다.

이러한 모든 의식 속에는 그릇된 신념이 자리하고 있어 극단적인 분노가 치밀어 오르게 된다. 그리고 그녀는 그 모두로부터 돌아섰다. "하나님은 나와 내 아기를 살리기 위해 충분히 돌보지 않으셨다. 하나님은 무자비하고 잔인하실 뿐이야! 또는 하나님은 능력이 없거나 사기꾼이셔!"

마르타는 그녀가 무엇을 신뢰했어야 했는지 알았다. 그것은 하나님은 사랑이고 전지전능한 분이시라는 것이었다. 그러나 그녀는 그것을 신뢰할 수 없었다. 또는 그렇게 생각하지 않았다. 단지 그녀의 깊은 상처에 집중하고 있었을 뿐이다. 그러한 깊은 영혼의 심연 속에서 그녀가 강한 부정의 모습으로 사는 건 이상한 일이 아니었다. 과연 누가 제대로 살아갈 수 있겠는가?

4. 하나님이 떠나신 것처럼 보일 때

마르타처럼 고통과 끔찍한 상실을 경험한 사람들은 아마도 그녀가 분노에 대해 부정한 이유를 이해할 것이다. 그것은 때때로 굉장히 거대한 짐승과 같아서 우리를 파괴하고 살을 찢어버리려는 것처럼 느껴질 수도 있다. 또한 분노로 말미암아 하나님을 벌하고 싶은 마음도 있을 수 있다. 우리에게 상처 주고 화나게 한 사람을 벌주는 방법은 그에게서 등을 돌리고 외면하는 것이다.

그러나 마르타의 비극만큼이나 고통스럽지만 그래도 약간 덜한 다른 외상은 부정적인 삶의 방식을 가져올 수 있다. 나는 지금 다음과 같은 고통을 겪었던 내가 아는 사람들을 생각하고 있다.

- 무시, 거절 또는 부모나 배우자로부터 학대
- 자식으로부터 거절 또는 반항
- 방해
- 부상 또는 질병
- 엄청난 재정적 손실
- 정서적 또는 정신적 질병

이와 관련된 다양한 종류의 사람들이 있다. 하나님의 질서와 법 그리고 분명한 인도와는 관계없이 그들이 원하는 것은 무엇이든지 자유롭게 할 수 있다고 주장하는 데 의기투합하는 그런 부류의 사람들이 있다.

그들에게 하나님은 하나님의 법칙을 우주와 인간관계에 적용하려는 '뻔뻔스러운 분'으로 여겨진다. 그래서 그들은 자신의 아픔과 고통은 하나님의 잘못이지 자신의 잘못이 아니라고 생각한다. 하나님과의 이와 같은 단절은 특히 현재 암에 걸려 있는 골초 흡연자, 에이즈에 걸린 동성애자나 마약중독자, 20년 동안 매일의 음주로 간을 아주 못쓰게 된 사람, 그리고 성병에 걸린 문란한 십대들이 느끼는 것이다.

"만약 하나님이 그렇게 자비롭고 사랑이시며 전지전능하시다면, 왜 하나님은 나를 도우시지 않죠?"라고 그들은 씁쓸하게 질문한다. 이러한 질문은 그들뿐만 아니라 하나님의 경고와 법을 무시하는 사람들도 동일하게 한다. 사실 이들은 하나님의 인도하심에 따라 산다고 변명한다. 다음은 이들의 일반적인 불평의 예이다.

만약 내가 누군가와 사랑에 빠진다면 남편과 아이들을 떠나는 것이 왜 잘못이죠?

내 아내는 나를 떠났고 가족과도 떨어졌습니다. 나는 그들이 원하는 것은 무엇이든 다 주었습니다. 또한 그것을 위해 집에서 멀리 떠나있었고 잔업근무를 하며 열심히 일했습니다.

나는 남편을 변화시킬 수 없어요.

왜 내가 동거를 그만두고 결혼해야 하는 거죠? 나는 한 남자가 한 여자만 바라보아야 한다고 생각하지 않아요. 그것이 이유죠. 내가 거듭 말하지만 문제는 여자에게 있어요. 여자들은 너무 이기적이에요.

정서적인 고통은 부정을 수반할 수 있다. 고통 받는 자들은 비록 매 주일 찬송을 부르고 성경을 읽으며 하나님의 사랑에 대해 말할지라도 그들은 하나님이 자신의 최대 관심사에 마음을 두시지 않는다고 믿는다. 나는 걱정, 두려움, 우울을 이 범주에 포함한다. 나는 거듭 반복하여 다음과 같은 내용을 듣는다.

내가 계획한 대로 일이 돌아가지 않아요. 나는 내 자리를 지키기 위해 열심히 일했어요. 나는 승진을 원해 열심히 했지만 그것을 잃을까 봐 두려워요.

물론 나는 걱정해요. 왜냐하면 나는 알기 때문이지요. 묻지 마세요. 어떻게 하는지 그저 나는 알아요. 어떤 좋지 않은 일이 내 아이들 중 하나에게 일어날 것 같아요.

찬양이라고요? 내가 매우 우울한 것을 생각하면, 생각하는 것 자체가

> 참 우스운 일이죠. 나는 당신이 그렇게 진부한 것을 생각하고 있다는 것을 믿을 수가 없군요.
>
> 왜 내가 지쳤지? 하나님은 기도에 응답하신다고 생각하곤 했어요. 그러나 나는 더 이상 마냥 앉아서 응답을 기다리진 않아요. 나는 상황에 따라 행동하는 사람이며, 무언가 성과를 만들어 내는 성격이지요.

도대체 어떻게 내가 이런 불평들과 증상들을 부정과 관련시킬 수 있겠는가? 바로 그 모든 것의 기저에는 그릇된 신념이라고 하는 실제적인 근원만이 존재한다. 실험을 위해 그것을 끄집어내면 그것은 다음과 같다.

> 나는 하나님에 대해 성경이 말하는 것을 알아! 그러나 하나님이 주장하시는 것처럼 그렇게 좋으신 분이라고는 믿지 않아! 하나님은 흠이 있으신 분임에 틀림없어. 왜냐하면 인생에 대한 내 감정과 인식, 신념은 틀릴 수 없기 때문이지! 내가 맞고, 하나님은 잘못되었어!

그러나 누가 감히 그런 대담하고 건방진 요구를 하고 싶어 할까? 누가 큰 소리로 "나는 하나님보다 더 잘 알아! 나는 하나님보다 사랑이 더 넘쳐! 그래서 나는 그런 법을 만들어서 그러한 일들을 허용하지 않을 거야!"라고 말할 수 있을까?

나는 우리가 항상 의식 속에 이런 말들을 숨기고 있다고 믿는다. 그러나 우리 영혼의 어떤 단계에서 무엇인가 하나님에 대해 헐뜯고 의심하고 무시하기를 원한다. 어떤 사람들은 이러한 것에 대해 즉각적으로 그건 사탄이나 악마의 영향이라고 말한다(이에 대해 나는 논박하지 않겠다). 그러나 만약 우리가 하나님에 대한 헛된 정보에 동의하지 않는다면, 비록 그 원인이 외부에 있다고 하더라도 그것이 우리를 영적으로 파괴할 수는 없다.

명백한 사실은 우리 안에 있는 자만심의 힘이 죽음에 대항하며 우리는 옳고 하나님은 잘못되었다고 주장한다는 것이다. 대부분 우리는 우리의 적이 바로 우리 자신이라는 사실에 직면하는 것을 원하지 않는다. 물론 이러한 맹목성의 원인은 바로 우리의 타락한 죄성이다. 심지어 우리가 기독교인이 된 이후에도 우리 눈은 진리에 너무 천천히 눈을 뜬다. 그렇기에 마르타와 같은 착한 기독교인조차도 하나님과의 깊은 단절을 묻어둘 수밖에 없는 것이다.

우리가 이해하지 못한다거나 우리가 상처받고 화가 난다거나 또는 하나님으로부터 해명을 듣고 싶다고 말하는 것은 우리가 '예상한 것처럼' 자신이 성숙하지 못하고 부족하다는 의미이다. 그래서 차라리 우리의 속마음을 숨기고 자신을 지키는 것이 더 낫다고 여긴다. 이렇게 자기를 지키는 죄악된 본성은 "나의 잘못을 인정하기보다는 하나님이 잘못되었다고 생각하는 것이 더 낫다"라고 말한다.

마르타와 같이 많은 사람의 고통스러운 노력을 관찰하면서 내면 상태가 어떠하든 온전해지고 자유롭기 원하는 사람에게 희망이 있다는 결론을 내렸다. 하나님과의 갈등을 부인하는 것을 그칠 수 있기 때문이다. 즉 하나님께 분노하고 있다는 사실을 바로 직면하면 된다. 이것은 사도 요한의 다음과 같은 고백을 가능하게 한다.

> 만일 우리가 하나님과 사귐이 있다 하고 어둠에 행하면 거짓말을 하고

> 진리를 행하지 아니함이거니와 만일 우리가 죄가 없다고 말하면 스스로 속이고 또 진리가 우리 속에 있지 아니할 것이요 만일 우리가 우리 죄를 자백하면 그는 미쁘시고 의로우사 우리 죄를 사하시며 우리를 모든 불의에서 깨끗하게 하실 것이요(요일 1:6, 8-9).

일단 죄를 고백하면 우리는 다음 단계로 갈 수 있다. 즉 하나님은 우리가 처음부터 얼마나 하나님으로부터 멀어져 있는지 보여주실 것이다. 하나님이 우리에게 이러한 빛을 주시는 것이 필요하다. 그것은 우선 우리를 내면 깊숙한 곳, 즉 우리의 그릇된 신념이 하나님을 의지하는 견고한 삶으로부터 우리를 단절시키는 그곳까지 이르게 하는 것이다. 그러면 우리는 하나님 안에 견고히 안착할 수 있게 된다. 이것이 우리가 이제 살펴보아야 하는 치료를 위한 두 번째 단계이다.

결혼기념일

나는 결혼기념일에 일찍 눈을 떴고,
옆에는 빈 베개만 있었다.
나는 나를 지탱해 줄 강한 손을 갈망했다.
내가 악몽을 꾼 꿈이 무엇인지 알고 싶었다.
이런 긴장되는 아침에는
일어나서 달리는 것이 더 낫다고 생각했다.
그래서 나는 혼자서 달렸고,
마음이 너무 아파서 강가에서 울었다.
그리고는 텅 빈 하늘을 향해 울며 소리쳤다.
"하나님, 당신은 어디에 계십니까, 당신은 어디에 계십니까?"
그러나 내가 들은 것은 멀리서 들려오는 메아리 소리뿐이었다.
밤새 침대에서
나는 내 영혼이 사랑하는 그분을 찾아 헤맸다.
내가 그분을 찾았지만 찾을 수 없었고,
내가 그분을 불렀지만, 그분은 아무런 대답도 없었다.
나의 하나님, 나의 하나님, 왜 당신은 나를 버리셨습니까?

하나님은 우리를 어떻게 치유 하시는가?

The Hidden Rift With God

3장
영적 표류

아버지 집에 함께 거하겠다고 고백한 그리스도인이 어떻게 아버지에게서 멀어질 수 있는가? 어떻게 하다가 우리가 하나님과 단절되는 데까지 이르게 되었는가? 이는 우리를 아주 안전한 해안가에 정박시킬 수 있는 진리를 잃어버렸거나 알지 못했기 때문이다. 간단히 말해서 우리는 그저 망망대해에 표류하게 되는 것이다.

지프(Jiff)라는 어린 소년은 집 한 채 보이지 않고 아무도 없는 외딴 곳에서 막 잠이 깨어 눈을 비비고 머리만 긁적이고 있었다. 그는 아직도 꿈을 꾸고 있는 것처럼 두려움에 떨고 있었다. 부두에 정박한 보트에서 힘껏 기지개를 켰을 때 날씨는 이미 더 추워져 있었다. 여덟 살에 보트를 혼자 타는 것은 금지되어 있었다. 그러나 이 수척한 소년은 하늘을 보며 꿈을 꾸는 것을 좋아했고, 어른들이 무엇이라고 말하든 자기 생각대로 행동하기를 좋아했다. 하루는 지프가 몸을 숨기고 안전하게 보호 받을 수 있는 알루미늄 보트 밑 바닥에 숨었다.

그런데 이게 어떻게 된 일인가? 그가 눈을 떴을 때 온통 물밖에는 아무것도 보이지 않았다. 심지어 강둑은 시야에서 사라졌다. 어떻게 이런 일이 발생했을까? 그는 어디에 있었던 것인가?

지프가 자던 보트가 조류에 휩쓸려 정박한 곳에서 벗어나 멀리 강 아래로 떠내려갔던 것이다. 그리고 보트는 지프가 눈치 채지 못하는 동안 천천히, 아주 부드럽게 강어귀까지 표류했던 것이다. 그래서 그는 지금 바다 위에 떠다니고 있는 것이었다. 그는 안전한 아버지 품에서 몇 킬로미터나 벗어났는지 상상을 할 수가 없었다. 또한 그는 어떻게 돌아가야 할지 방법을 알지 못했다.

"어이, 꼬마야 여기서 뭐 하고 있니?"

자신을 부르는 소리가 들리자 지프는 뒤를 돌아보았고, 약 30미터 떨어진 곳에 있는 한 어부를 보았다.

"저희 집이 어디 있는지 모르겠어요. 그리고 가는 방법도 모르겠어요"라고 말하며 지프는 울기 시작했다.

어부는 "애야, 잠시만 기다려라!"라고 말하며 배의 모터를 작동시켜 빨리 그 옆으로 다가갔다.

"자, 어떻게 여기에 오게 되었는지 내게 말해보아라"라고 어부가 말했다.

"저는 강 위에 있는 보트에서 잠이 들었는데, 잠에서 깨어보니 여기까지 오게 되었어요." 지프가 말했다.

"보트 타는 걸 좋아하니? 내가 네 보트를 묶어서 네 집까지 데려다

줄까? 배 바깥부분에 밧줄을 단단히 묶어라! 할 수 있겠니?"

"물론이죠." 지프는 그제서야 아저씨 말에 안심하게 되었다.

"그런데 아저씨! 제가 사는 곳을 아세요?"

"아니!" 어부는 말했다. "너희 집이 어디인지 모르지만, 우리가 강둑에 이르게 되면 너희 집을 찾아갈 수 있을 것이라고 생각하는데, 그렇지 않니?"

"아, 네! 강에서 보면 저희 집을 정확하게 알 수 있어요. 아빠와 저는 고기를 잡기 위해서 강둑에 간 적이 있었는데, 거기서부터는 집에 가는 방법을 알고 있어요."

한 시간 반이 지나서 지프는 아빠 품으로 돌아올 수 있게 되었다. 그들에게 장소는 문제가 아니었다.

지프처럼 우리는 우리 자신이 알지 못하는 사이에 서서히 표류하게 되었다. 예수 그리스도를 통한 아버지와의 진실한 개인적 관계를 한 번쯤 경험해본 사람들은 일반적으로 이것이 무엇을 의미하는지 이해할 수 있다. 아마도 그들은 어릴 때부터 교회에 다녔지만, 시간이 지나면서 다른 것에 관심을 두게 되었을 것이다. 그들은 지금 교회에 나가고 있지만 거의 대부분 종교적인 관습으로 지킨다. 그들은 하나님을 '만족'시키기 위해서나, 떨쳐버릴 수 없는 내적 고민을 풀기 위해 교회에 나간다. 또는 막연한 영적 여행을 위한 또 다른 과정일 뿐이다. 또한 이들은 처음부터 하나님이 그들의 고통을 그냥 지켜보시는 분이라고 생각했기 때문에, 거듭나서 성령이 충만한 기독교인의 삶을 살기보다는 그릇된 신념과 분노에 더 충실히 반응하는 삶을 살지도 모른다.

이는 '거듭난' 기독교인이라면 모든 해답을 알고 있을 것이라고 추측하고, 적어도 성경을 통해 쉽게 해답에 접근할 수 있을 것이라고 생각한다.

그러나 우리가 성경 전후 문맥을 다 알고 있다 할지라도, 우리 대부분은 우리 영혼의 양식인 하나님의 말씀을 어떻게 삶에 적용해야 할지를 거의 배우지 못했다. 우리는 머리로 믿었기 때문에 마음속에서 표류하게 된 것이다. 그리고 우리에게 어려움이 닥쳐서 하나님이 멀리 계시다고 느낄 때, 우리는 하나님의 책임이라고 의심하게 된다.

1. 닻이 풀린 것을 알지 못함

나는 때때로 결혼에 실패한 후 혼자서 어떻게 고통의 나날을 지내왔는지 나 자신에게 놀란다. 누군가 내게 말하기를 나의 실제적인 문제는 내가 견뎌왔던 상실이 아니라 나와 하나님 사이에 만들어진 단절이라고 했다. 누가 내 문제가 환경이나 다른 사람의 행동과 체제의 불공평 때문이라고 지적했다면 나는 아마도 동의하지 않았을 것이다. 만약 단절이 있었다면 (그리고 나는 확실히 단절이 있다고 생각하지 않는다.) 우리 사이의 단절은 하나님 때문에 야기된 것으로 생각된다. 왜냐하면 하나님이 나를 도와주시지 않았고 실제로 좋은 것을 내게서 빼앗아 가셨기 때문이다.

내가 당신에게 확실히 말하지만 내 행동으로 인한 단절은 없다.

다시 말해, 내가 그 단절을 바꾸기 위해 할 수 있는 것은 아무것도 없다. 나는 규칙적으로 교회에 가고, 기도하며, 심지어 가르치고 설교도 하지 않았는가? 이전만큼 그렇게 많은 열정은 없을지도 모른다. 도대체 하나님은 내게 무엇을 기대하시는 건가?

무엇인가 알기 위해 종종 노력하는 기독교인들이 있는데, 나는 생각했던 것보다 이들에게 더 깊이 잘못된 그 무엇이 있다는 것을 관찰했다. 그러나 그들 스스로 그것이 무엇인지 아는 경우는 거의 없었다. 하나님과 그들 사이에 단절이 있을지도 모른다는 것을 그들이 알게 되는 것은 흔히 너무나 큰 정신적 충격이다.

한번은 어떤 경건한 신자가 쏘로(Thoreau)를 방문하여 다음과 같이 물었다.

"헨리, 당신은 하나님과 화평합니까?"

"우리는 결코 싸우지 않습니다"라고 그는 경건한 체하며 말했다.

일부 독자들은 그것에 대해 '거짓말'이라고 말할 것이다.

예를 들면, 패트릭(Patrick)이란 사람이 있었는데, 그는 머리가 희끗희끗한 중년 남성으로 항상 피곤해보였다. 비록 5년 전에 발생한 일이지만 그가 왜 가족과 헤어져야 했는지 이유를 알지 못하는 사람이었다. 내가 그의 현실적 혼란이 자신과 하나님 사이의 단절의 결과일지도 모른다고 제안했을 때 그는 내게 화를 내며 말했다.

"당신, 지금 뭐라고 말한 거요?" 그는 폭발하기 일보 직전이었다.

"나는 하나님과 어떤 문제도 없어요! 나는 거듭났다고요! 세례도 받았고요! 하나님의 영이 내 안에 계신단 말이에요! 당신 참 우스운 사람이군요!"

나는 이 키가 조그마한 아일랜드 출신의 시카고 사람인 패트릭과 논쟁하는 것은 도움이 되지 않는다는 생각을 했다. 그래서 나는 경청하면서 우리의 대화 속으로 그를 초대했다. 내가 예상했던 것과 같이 그는 성경의 모든 내용을 잘 알고 있었다.

"로마서 5:1은 우리가 믿음을 통해 의로워졌고, 우리가 하나님과 함께 평화를 누린다고 말하고 있지 않습니까?"

그는 수사적으로 물었다. 또한 그는 그가 당하고 있는 고통이 하나님과의 단절로 인한 것이지 다른 사람들이 그에게 그릇된 일을 했기 때문이 아니라는 것을 인정하고 싶어하지 않았다.

"당신은 우리가 모두 옳을 수도 있다는 것을 한 번 생각해주실 수 있겠습니까?"라고 나는 제안했다.

"무슨 뜻인가요?"

물론 나는 하나님의 약속은 확실하고, 하나님이 예수님으로 말미암아 우리를 한번 하나님의 자녀로서 인치시면 어떤 것도 하나님과 그분의 사랑으로부터 우리를 끊을 수 없다(롬 8:33-39)는 그의 말에 동의했다.

그러나 나는 그에게 우리가 이 땅을 살아가는 한, 우리는 때때로 '육'이라고 하는 오래된 죄성을 지닌 무거운 짐을 지고 가야 한다는 것을 상기시켰다. 이것은 우리의 물질적인 부분이 아니라 오히려 우리가 예수 그리스도께로 나아가기 전에 우리 안에 존재했던 반항적이고 하나님을 멸시했던 본성이다(롬 8:5-8).

성경이 우리는 이런 오래된 본성에 대해서 죽은 자로 '여기라'고 말하는 것은 사실 문제가 멈추지 않는다는 것을 나타내주고 있는 것이다(롬 6:11). '육'은 사탄과 영원히 짝하는 것이고, 우리가 이미 앞 장에서 여러 번 정의한 것처럼 거짓말을 반복함으로써 악마의 계략에 빠지는 것이다.

나는 "우리가 하나님이 선하시지 않다고 의심할 때 단절은 시작됩니다!"라고 패트릭에게 말했다.

그 단절로부터 우리는 점차 하나님의 존재로 인해 부여되는 안전에서 우리 자신을 멀어지게 한다고 말했다. 성경에서 믿음은 하나님과의 관계라고 말한다. 이것은 우리가 하나님께 반응했던 한 단면을 말하는 것이며, 그 단절은 우리의 믿음이 약해지거나 왜곡될 때 온다. 우리가 마귀의 속임수와 옛 사람에 속아 마음을 빼앗길 때 그 단절은 우리의 그릇된 신념이 된다. 그리고 우리는 그것이 잘못되었다는 것을 알지 못하고, 우리 자신이 몇 번이고 반복하여 이러한 그릇된 생각을 하게 된다.

이러한 일이 발생할 때 우리에게 두 가지 마음이 생긴다. 나는 사도 야고보가 경고했던 그 마음에 대해 그에게 말해주었다(약 1:5-8). 그것은 우리의 신앙이 그릇된 신념과 결합하고, 그 결과 믿음을 거스르게 되고 아버지에게서 멀어지게 된다는 것이다. 어떤 사람은 이것을 '부분적 신자'가 된 것이라고 말했다.

결국 우리도 알다시피 분열의 원인이 하나님 때문이 아니라 우리 자신 때문이라고 나는 생각한다. 패트릭은 자신이 두 가지 마음과 싸우고 있다는 것을 알았고, 치료 과정이 시작된 그에게 그것은 많은 도움이 되었다.

2. 그릇된 신념(믿음과 반대되는 옛 사람)

오래된 죄성으로 우리를 유혹하고 있는 그릇된 신념 몇 가지가 있다. 자기 대화 속에 이러한 신념들을 거듭 반복할 때 우리는 정신적으로 표류하게 되고 하나님과의 단절은 더 크게 벌어지게 된다.

> 하나님은 스스로 존재하시는 분이라고 할 수 없어! 그렇지 않다. 하나님은 나를 그렇게 모질게 다루실 수 없어!

> 나는 성경이 하나님에 대한 온갖 경이로운 것을 기록하고 있다는 것을 알아! 하지만 나는 확실히 그것들을 경험하지 못했어! 그렇기 때문에 아마 그것은 진실이 아닐지도 몰라!

> 사람들은 내게 하나님은 우리를 위해 일하시고 또한 위대하시다고 말하지만 하나님은 나를 그렇게 충분히 돌보시지 않았다고 생각해!

> 나는 하나님이 내게 은혜를 베푸시고 내 기도에 응답히셨다고 생각하곤 했어! 그러나 내가 다시 곰곰이 생각해보니 그러한 일은 바로 기도할 때뿐이었어!

> 누가 하나님이 나에게 관심이 있으시다고 했지? 나는 너무 하찮고 무가치한 존재야! 아무도 나를 돌봐주지 않아! 왜 하나님은 그러셔야만 하지?

우리가 옛 본성의 잘못된 신앙을 우리 마음에 받아 들일 때, 우리가 알고 있는 아버지에 관한 진리를 빼앗기게 되고 우리는 어려움을 겪게 된다. 우리는 하나님의 존재 자체를 거의 인식하지 못하고 하나님이 행하신 것만을 생각한다. 곧 우리는 하나님을 볼 수 있는 눈을 잃어버리고 우리 자신의 것만을 행하기 시작한다. 하나님이 우리가 하나님과 친밀함을 유지하는 길인 진리에 고정하도록 우리를 돕고자 하실 때 우리는 스스로 비신자가 되려고 한다.

3. 믿음 좋은 사람들이 넘어질 때

심지어 하나님의 가장 모범적인 자녀들, 강한 믿음을 가지고 있는 사람들도 하나님으로부터 소원함을 느끼고, 그것은 하나님의 실수라고 말할 때가 있다.

다윗의 예를 들면 다음과 같다.

> 여호와여 어찌하여 멀리하시며 어찌하여 환난 때에 숨으시나이까 (시 10:1).

> 주여! 깨소서. 어찌하여 주무시나이까? 일어나시고 우리를 영영히 버리지 마소서. 어찌하여 주의 얼굴을 가리우시고 우리의 고난과 압제를 잊으시나이까(시 44:23-24).

하나님은 예언자를 통해 어떤 일의 진실한 상황에 대해 하나님의 생각을 우리에게 말해주신다.

> 오직 너희 죄악이 너희와 너희 하나님 사이를 내었고, 너희 죄가 그 얼굴을 가리워서 너희를 듣지 않으시게 함이니(사 59:2).

한마디로 이사야는 다음과 같이 말하는 것이다.

> 하나님은 숨어 계시거나 멀리 계시거나 주무시지 않으시며 우리를 잊지 않으신다. 하나님과의 단절은 우리 스스로가 만든 것이다.

또한 갈라디아 사람들은 하나님과 그들 사이에 거리를 두고 있었다. 그리고 바울은 그들에게 다음과 같이 경고한다.

> 이제는 너희가 하나님을 알 뿐더러 하나님의 아신 바 되었거늘 어찌하여 다시 약하고 천한 초등 학문으로 돌아가서 다시 저희에게 종노릇 하려느냐(갈 4:9).

그리고 바울은 고린도 사람들을 회심시키고 하나님과의 단절을 회복시키기 위해 그들에게 편지를 썼다.

하나님이 우리를 통해 그분의 의도하신 생각을 이루고자 하시기 때문에 우리는 그리스도의 대사이다. 나는 당신에게 그리스도의 마음으로 하나님과 화목하라(고후 5:20)고 당부하고 싶다.

우리는 이러한 회심을 통해 그리스도의 은혜를 맛보았지만 그들은 그릇된 신념 때문에 주님과 좋지 않은 관계가 형성되었다. 이상하게도 갈라디아 사람들은 하나님이 그분의 사랑에 관해 그들에게 말씀하신 것을 믿지 않았고 고린도 사람들은 하나님이 그분의 거룩에 관해 그들에게 말씀하신 것을 믿지 않았다. 이 사람들은 진리로부터 떠나 악마의 계교에 자신들의 신앙을 맞추었기 때문에 죄에 빠지게 되었다. 그리고 그 결과 하나님과 하나님의 메시지는 그들에게 그릇된 것이 되었다.

우리의 순결한 신앙이 거짓과 속임수에 넘어갈 때 우리는 세상에서 가장 거대한 거짓의 소용돌이 속으로 빠져드는 것이다. 그리고 그것은 하나님이 잘못이라고 생각하지만 이러한 거짓말은 믿음의 뿌리를 자르는 거대한 도끼이다.

내가 내 결혼과 가정에 들이닥친 엄청난 파괴력을 발견했을 때, 나는 내 비극이 아내의 미성숙 때문이라고 비난했고 나의 전문적이며 학문적인 일이 과중한 탓으로 돌렸다. 또한 우리가 일반대학 학생들처럼 몰두했던 세속적인 사상과 끝없이 이어지는 부적응과 구조적 결함 탓으로 돌렸다. 나는 심지어 심리치료사를 찾아갔고 내가 종종 의사소통을 잘하지 못한다는 것을 알게 되었다. 그리고 그것은 사실이었다. 나는 슬프지만 그것을 인정한다. 그러나 내면 깊숙한 곳에서 나는 하나님은 이러한 불행한 일들을 멈추실 수 있다고 생각했기 때문에 하나님을 비난했다.

하나님이 잘못하신 것인가? 물론 아니다. 우리가 나쁜 행위에 대해 하나님을 비난하는가? 우리 모두는 2장에 나오는 마르타처럼 노골적으로 하나님을 비난하는 것은 꿈도 꾸지 말아야 한다. 그러나 우리가 하나님과 갈등이 있을 때 우리는 간접적으로 그분이 잘못되었다고 말하고 있다.

일전에 한 젊은 여성이 "나는 열정적인 기독교인이며 실제로 열성적입니다. 그런데 지금 나의 아버지는 뇌졸중에 걸렸습니다. 하나님은 아버지에게 고통을 주셨습니다. 그런 아버지를 보자 하나님과 내 평화는 깨졌습니다. 지금 나는 잘 모르겠습니다. 그러나 나는 교회에 나갑니다. 그것이 전부입니다. 아버지의 고통은 실제로 내 믿음을 무너뜨렸습니다"라고 확신에 차서 말한 것이 한 예가 될 수 있다.

스탠리 존스(Stanley Jones)가 전해준 말이다. 그의 딸의 졸업식에서 언덕 위에 서 있던 한 학생이 친구들에게 작별인사를 하기 위해 몸을 돌렸다. 그리고 그녀는 낮은 담에 몸을 기대기 위해 몇 발짝 뒤로 옮겼으나 그 뒤에는 아무것도 없는 가파른 낭떠러지뿐이었다. 그녀는 60미터 높이에서 떨어져 죽었다. 그녀는 한 과부의 외동딸이었다.

뜻밖의 사고를 멈추게 하시는 하나님의 도움이 없이는 이러한 갑작스러운 비극이 발생했을 때 우리 대부분은 우리 마음속에 계신 하나님에 대해 어느 정도 화난 마음을 숨기지 않는다. 왜 우리는 하나님이 이러한 비극을 보려고 하시지 않는다고 생각하는가?

심지어 '믿음이 좋다'는 기독교인들조차도 갑작스레 하나님과의 관계를 모두 깨뜨리고 믿음을 저버린다. 그들은 하나님은 다가갈 수 없거나 존재하지 않으시는 분이라고 결정해버린다. 스탠리 존스에 의해 기술된 또 다른 예는 신학교 교수인데 그는 트럭에 치어 다리가 부러져 고통을 받았다. 오랜 치료 후에 힘들고 지루한 회복기가 지나고 예배에 처음 나타나서 그는 학생들에게 "나는 다시는 인격적인 하나님을 믿지 않는다. 만약 하나님이 인격적이시라면 하나님은 분명히 나에게 다가오는 트럭의 위험을 주의시키기 위해 말씀해주시고 이 재난에서 날 구해주셨을 것이다!"라고 말했다. 이 신학교 교수처럼 대부분의 사람이 분노에 대처하는 방법은 인격적인 하나님을 지워버리는 것이다. 이것은 단지 아무것도 아닌 것에서 발단된 분리가 치명적인 것이 되는 것을 보여주는 것으로 실제로 이것은 그릇된 신념이 가져다 주는 위협적인 단절이다.

또한 당신도 아마 아무런 말을 하지 않지만 어쩌면 하나님이 당신도 실망시키셨을 것이다. 어쩌면 하나님의 존재를 부인한 교수와 같이 그릇된 신념이 당신을 불신의 지경에까지 이르게 하지는 않았을지도 모른다. 그러나 우리 가운데 가장 믿음 좋은 사람들조차도 갑작스러운 고통에 당황해 할 것이다.

신앙과 불신앙 사이에서 싸우고 있는 가장 큰 예 가운데 하나는 러시아 기독교 소설가인 도스토예프스키가 쓴 『카라마조프가의 형제들』이라는 책일 것이다. 그 책에서 그는 이반(Ivan)이라는 사람에 대해 말하고 있는데 그에게 무고한 고통은 도덕적으로 받아들이기 어려운 감각적이며 지적인 것이었다. 이반은 교양 있는 부모님에 의해 받을 수 있는 모든 학대를 당한 5살 소녀의 이야기를 듣고 충격을 받아 어리둥절했다.

그 소녀는 갈 곳이 없었고 아무도 보호해주지 않았다. 그녀의 부모는 그녀를 회초리로 때리고 그녀의 몸이 상처로 뒤덮일 때까지 발로 찼다. 그리고 나서 그 부모는 딸의 입을 막고 춥고 성에가 낀 집 밖의 화장실에 밤새도록 내버려뒀다. 또한 그들은 침대를 축축하게 해놓고 딸의 배설물로 그녀의 얼굴에 문지르고 그녀에게 그것을 먹도록 했다.

"그처럼 작고 나약한 어린 소녀에게 무슨 일이 일어날지 전혀 알 수 없는 더럽고 어둡고 추운 곳에서 소녀가 작은 주먹으로 아픈 가슴을 치며 '자비로우신 하나님'을 향해 자신을 보호해 달라고 조용히 눈물을 흘리고 있을 때 그것이 무엇을 의미하는지 당신은 알고 있는가? 당신은 이러한 어처구니없고 끔찍한 모든 일을 이해할 수 있겠는가? 왜 선과 악에 관한 세상의 모든 지식은 '자비로우신 하나님'을 향한 이런 아이의 눈물에는 가치가 없는지!"

이반은 울었다. 이반은 그렇게 무시당하는 고통 때문에 무신론자가 될 수밖에 없다는 결론을 맺었다.

당신이 이 어린 소녀의 고통에 관한 묘사를 읽었을 때 당신은 이반의 충격과 분노를 실감 나게 느낄지도 모른다. 왜냐하면 도스토예프스키는 숙련된 작가이기 때문이다. 당신은 당신 자신 때문이든지 아니면 다른 누군가에 의해서든지 간에 무고한 고통을 당했을 때 당신 자신이 이미 이와 비슷한 감정을 경험했을 것이다. 이 묘사는 그러한 감정을 자극하고 일깨우기 위한 도스토예프스키의 의도였다.

아마 당신은 하나님을 거부하지는 않았지만 한편으로는 분명히 하나님의 선하심과 능력 그리고 약속 사이에서 영혼이 찢어지는 긴장감을 느꼈을 것이다. 그리고 다른 한편으로는 기도의 무응답, 충격, 뜻밖의 상실감을 느꼈을 것이다.

그리고 이런 긴장감 속에서 당신은 아마 스스로가 어떻게 해서라도 하나님이 잘못하신 것이 아니냐고 물을 것이다. 우리 영혼의 기저에 있는 이러한 단절에 대한 하나님의 치료를 받지 못한다면, 우리는 차츰 표류하여 의심하는 사람, 비평가, 빈정대는 사람이 될 것이다. 그렇지 않으면 우리는 괴로운 신앙인으로 살아갈 것이고, 관념들과 싸우지 않기 위해서 전력을 다할 것이다.

도스토예프스키가 말했던 것과 같이 모든 것은 우리의 믿음과 우리가 믿음으로 무엇을 할 것인가에 달려있다.

4. 영적인 질병

우리 영혼 깊숙한 곳에서 무엇인가 불안정한 것을 느꼈을 때 우리는 심리적인 도움을 찾거나 목사님의 상담을 받으려고 할지도 모른다. 또는 그러지 않을 수도 있다. 우리는 우리 문제에 대해 대수롭지 않게 생각하거나 아니면 심각하게 생각할 것이다. 우리는 우리 자신을 우울하고, 미치고, 신경질적이고, 흥분하고, 관계에 집착하고, 쉽게 당황해 하고, 화를 잘 내고, 불면증에 걸리고, 몸무게가 빠지거나 늘고, 불행하고, 삶에 흥미를 잃었다고 말할지도 모른다. 우리는 의도적인 죄에 빠져서 하나님과 우리의 문제를 없애려고 결심할지도 모른다. 그러나 그것은 오히려 우리에게 육체적인 문제로 나타날지도 모른다. 여러 문제 가운데서도 특히 복통, 두통, 근육통, 소화 불량, 그리고 경련이 나타날지도 모른다.

덧붙여서 말하자면, 만약 우리가 "하나님으로부터 소원하다"라고 느끼거나 선한 기독교가 우리를 위해 한 것이 아무것도 없다고 불평하면서 말씀과 기도에 대한 흥미가 떨어지면 우리는 하나님으로부터 고통받고 죄로 신음하는 근본적이고도 영적인 문제가 있을지도 모른다. 이러한 단절에서 오는 증상과 근원에 대해 더 자세하고도 명확하게 살펴보자.

시원섭섭함

아주 오래전 당신이 나를 데려왔을 때의
그 씁쓸하면서도 달콤한 추억을 기억하세요?
오늘 나는 어스레한 11월의 하늘과는 달리
씁쓸하면서도 달콤하고 산뜻한 오렌지를 수확합니다.
그리고 나는 당신을 기억합니다.
보세요, 나는 나의 손바닥 위에 당신을 새깁니다.
나를 더는 나오미라고 부르지 마시고 나를 마라라고 부르세요.
왜냐하면 주님은 나를 몹시 모질게 다루셨습니다.
내 고통과 내 비통을 기억하세요!
내 영혼이 계속해서 이것을 생각하고
내 속에서 아파합니다.
그러나 나는 곰곰이 생각하여
다음과 같은 희망을 가져봅니다.
하나님의 변함없는 사랑은 결코 그치지 않으며,
그의 자비는 결코 끝이 없습니다.
이것이 아침마다 새롭고
또 주의 성실하심이 크십니다.
내 영혼이 말하기를 "하나님은 나의 모든 것 되십니다."
"그러므로 나는 그 안에서 소망이 있습니다."

4장
다양한 심리적 문제

우리가 이미 앞 장에서 살펴보았듯이 진리 가운데서 행하려고 노력하는 사람들조차도 하나님에게서 멀어질 수 있다는 것을 알았다. 이것은 우리를 향한 하나님의 사랑이 확고한 진리라는 것을 의심하기 때문에 그렇다. 다시 말해서, 그러한 '확고한 믿음'(anchors)에 대한 의심은 우리 영혼이 상처받아서 모래투성이 바닥에 넘어졌기 때문이다. 그리고 우리가 하나님께 분노한 것을 인정하는 것이 두려워서 거부함으로써 하나님과의 단절을 숨기려 하기 때문이다. 이런 요인들 모두는 서로 모의하여 우리 영혼을 잠들게 할 것이며 우리가 고통에서 깨어 났을 때 하나님과 엄청나게 멀어져 있는 자기 자신을 발견하게 될 것이다. 그리고는 "하나님이 그랬어"라고 화를 낼 것이다.

나는 직업상 비교적 정직한 기독교 상담자를 알고 있는데, 그는 사람들이 건강하고 자유로운 삶을 살 수 있도록 인생에서 정직하게 일할 방법을 찾을 수 있는 모든 책을 사서 공부한다. 그는 다른 사람들에게 진리를 말할 적절한 시기가 언제인지 알고 있다. 그러나 그는 고통의 결과만 일으키는 그릇된 신념으로 자기 영혼이 가득 찼다는 사실을 간과하는 것 같다. 그는 환자를 신중하게 살피는 외과의사와 같다. 하지만 그는 자신의 깊은 상처를 반창고를 가지고 치료하고 있을 뿐이다.

그것 참 특이하지 않는가? 아주 지적이고 영적으로 민감한 사람들은 모두가 자신의 어려움 뒤에 숨어있는 진리를 감지하지 못하고 있다. 자기 결혼생활에 무엇인가 잘못될 것 같은 느낌을 감지하였더라도 어려움이 곧 지나갈 것이라고 생각해서 그러한 신호를 무시하는 사람들에 대해 당신은 얼마나 자주 들었는가? 또는 고통스러운 종양이 발견되었지만 암일지도 모르기 때문에 진찰 받기를 거절하는 사람은 어떤가? 이것이 이해가 되는가? 그러나 그렇지 않다. 이것은 늘상 발생하고 있는 일이다.

우리가 보았듯이 부인(denial)은 하나님과 멀어지게 하는 한 가지 이유이다. 그러나 우리가 부인하는 단계를 벗어나면 그 문제 자체보다도 문제 증상에 초점을 맞추기 쉽다. 우리 증상에는 우울, 근심, 두려움, 분노(감정적, 영적, 심리학적 조짐들 모두 포함), 무가치한 느낌, 술과 마약 의존, 배은망덕, 자기 중심, 냉소, 그리고 심지어 율법주의와 거짓된 신앙심이 포함될 것이다. 물론 이 목록이 전부는 아니지만 기독교인은 거의 모든 일반적인 증상들을 노력으로 극복한다. 그러나 그것들은 영적 '질병'의 발생 원인이 되어 현실에 정신적 혼란을 가져올 수 있다.

하나님과의 단절을 일으키는 그릇된 신념에 어떻게 기초를 두고 있는지를 알아보기 위해 각 증상을 살펴 보도록 하자. 각 증상이 반드시 단절을 일으키는 원인이 되는 것은 아니지만 다른 증상들과 함께 고려해볼 때, 당신과 나는 앞에서 언급한 단절증상(rift syndrome)으로 고통을 받고 있다고 할 수 있다.

여기서는 치료과정이 어떻게 진행되는지에 대해서는 논하지 않을 것이다. 지금은 하나님이 부어주시는 건강한 삶과 단절증상이 당신에게 남긴 여러 상황 간에 분명한 불균형이 있다는 것을 아는 것이 중요하다.

1. 더욱 세밀한 관찰

1) 우울, 무관심, 불행

아마 당신은 속으로 자신에게 다음과 같이 말하는 것을 들었을 것이다. "나는 아무것도 할 가치가 없는 것처럼 느낀다", "내 인생은 가치가 없다", "나는 패배자이고 실패자야", "침대에서 일어나야 할 이유가 없어" 등의 말이다. 물론, 감정적인 침체나 '지루함'은 생화학적인 불안이나 심지어 계절의 변화와 빛의 변화 때문에 일어날 수도 있다. 당신은 오로지 나쁜 감정상태에서만 하나님과의 단절이 생긴다고 단정할 수 없다. 그러나 그럼에도 불구하고 지속적으로 일어나는 부정적인 생각은 단절이 있다는 신호를 우리에게 쉽게 알려준다.

이러한 우울한 상태로 산다는 것은 뜻깊은 삶을 살아야 한다는 성경의 가르침을 회피하는 것이다. 또한 하나님은 빛의 아버지시며 선하고 온전한 선물을 주시는 분이라는 성경의 가르침을 외면하는 것이다(시 139편; 약 1:17-18).

2) 걱정, 두려움, 스트레스

당신은 자주 두려움, 지나친 경계심, 정신적 긴장, 긴장 이완이나 휴식의 어려움, 집중력 문제를 경험하는가? 또는 빠른 심장박동과 신체적 증상, 과도한 발한, 입 마름, 경련, 근육 긴장을 경험하는가? 이러한 것들은 불안과 두려움의 징조이며 하나님과의 단절의 경고일 수도 있다.

나는 타일러(Tyler)라는 20세의 젊은 운동선수와 잠시 대화를 한 적이 있다. 그는 체격이 좋은 대학 2학년 학생이었다. 그는 마치 알코올 중독으로 섬망증에 걸린 것처럼 첫 미팅 내내 덜덜 떨었다. 그러나 그의 반응은 숙취와는 아무런 관련이 없었다.

이미 말했듯이 나는 타일러의 삶이 공포 때문에 불안하다는 것과 조만간 그 불안이 그를 실패하게 할 것이라는 내면의 '예언'에 의해서 통제된다는 것을 알게 되었다. 그는 내게 이렇게 말했다.

"내 머릿속에는 해결해야 하고 어떤 판단을 내려야만 하는 것이 항상 있는 것 같아요. 나는 데이트를 하게 되리라는 것을 알아요. 그리고 나보다 더 크고 강한 남자가 내 여자친구 뒤를 쫓아다니는 것도 알고 있어요. 나는 그녀를 지켜줄 수 없어서 그녀는 내게 크게 실망을 할 거예요. 그녀는 내가 남자친구로서 충분하지 않다고 생각할 것이고 그 남자와 함께 가버릴 것이 분명해요. 결국 나는 혼자 남게 될 것이고 보잘것없는 겁쟁이처럼 될 거예요."

그는 이 같은 자기 대화를 계속해서 즐겼고 타일러가 겁쟁이라는 것은 의심할 여지가 없었다. 타일러의 자기 대화는 모든 힘의 원천인 하나님으로부터 단절되어 스스로를 싫어한다는 것이었지만 그렇게 많이 나타나지는 않았다. 이런 경우 우리 대화는 아주 신속하게 하나님과 단절된 것을 드러낸다.

청소년기 초기에 그는 하나님과 친밀했지만 후에 세속적인 즐거움에 더 관심을 갖게 되어 신앙인의 길을 외면했다. 그 결과 그는 그가 떠난 하나님을 믿을 이유가 없었고 하나님이 그를 지켜주실 것이라고 생각하지도 않았다. 대신에 그는 하나님이 그 자신이 만드신 남성성이라는 거짓된 우상이 드러나는 것을 두려워했다(나중에 이 부분을 더 자세히 다루겠다). 그래서 그는 매일 거미줄처럼 갈라진 살얼음판 위를 (그 얼음 아래는 어두컴컴한 물이 있는) 걷는 것만 같았다. 물론 그는 당연히 두려움에 떨고 있었다.

나는 타일러가 치료되었다고 당신에게 말해줄 수 있기를 바랐다. 그러나 그는 조금 좋아졌지만 하나님과의 단절을 깨닫도록 설득하는 나의 온갖 노력은 회피했다. 그는 좀처럼 그의 남성성(일반 심리학자들은 이것을 그의 문제의 근원으로 생각하고 있다)에 대한 두려움을 인정하지 않았다. 그리고 하나님과의 갈등은 여전히 남아 있었다. 그의 신(다시 말하면, 남성성에 대한 무한한 탐닉)이 잘못될 수는 없다. 그래서 그는 진리의 하나님을 떠났던 것이다. 성경이 과거 율법주의자에 의해 쓰였다는 일반적인 반응을 보이며 떠났던 것이다. 그리고 그는 갑작스럽게 자유분방한 성생활을 하였다. 이것이 그에게 엄청난 걱정을 가져다주기도 했지만 별로 신경 쓰지 않았다.

이 두려움과 걱정의 징조는 당신을 보호해주겠다고 약속했던 바로 그 하나님(시 18:23, 42)으로부터 도망가는 것을 의미할 수 있다. 그리고 걱정하고 있는 연약한 영혼(마 11:28)만이 남게 되는 것이다. 나는 타일러의 경우가 그렇다고 생각한다.

3) 분노

이것은 쓰라림, 앙심, 급한 성미, 경멸, 폭력, 빈정거림, 냉소, 끊임없는 성가심, 말대꾸와 보복을 포함하고 있다.

어떤 사람은 분노의 기복을 나타낸다. 그래서 상대방으로 하여금 그를 짜증나게 하지 않았나 하는 의문을 갖게 한다. 찌푸린 얼굴은 그들의 일상사가 되고 그들은 다른 사람에게 갑자기 말을 걸고 아무에게나 화를 내고 이유 없이 당신에게 모멸감을 준다. 이를테면, "박사님, 제가 심리학자들을 그렇게 대단하지 않게 생각하고 있다는 것을 아셨으면 해요"라고 말이다. 그리고 불평할 이유를 열심히 찾는다. 그들은 배우자, 직장동료, 권위자들, 가족 구성원과 때로는 하나님을 향해 분노의 말을 하기도 한다.

그러나 분노는 또 다른 얼굴로 나타날 수 있다. 만성적으로 화를 내는 사람들 가운데 일부는 거꾸로 반응한다. 그들은 매력적이면서도 달콤하게 그리고 지나치게 협력적이고 달가운 행동을 하기도 하는 것이다. 예를 들면, 그들은 "당신이 하고 싶어 하는 것은 무엇이든지 나는 좋아요. 나는 무엇이든지 기꺼이 하니까!"라고 말한다. 그러나 그것은 문자 그대로를 의미하지는 않는다. 그들은 자신이 그렇게 하지 않을 것을 당신이 알고 그들이 기대하는 것을 선택하도록 하기 위해 그러는 것이며 더 나아가 당신과 친해지려고 그렇게 하는 것이다.

이런 사람 중 일부는 무슨 일이 일어나든 거의 항상 미소를 짓는다. 분노를 위장하는 것을 배웠기 때문이다. 또한 그들 자신도 그것이 위험한 죄라는 것을 안다. 겉으로는 감정폭발을 하지 않으면서 그들은 분노의 '부드러운' 신호만을 나타내어 자신의 내적인 상태를 드러내려 할 것이다.

4) 분노의 부드러운 신호

위장된 분노는 기독교인들 사이에 존재하는 가장 보편적인 문제 중 하나이다. 하나님이나 사람에 대한 분노를 억누르는 사람들은 첫 신호가 억압으로 나타나거나 육체적인 소모가 없는데도 피곤함으로 나타날 수 있다. 또 다른 예를 들어 보자.

사소한 것이나 드러나지 않는 방식으로 다른 사람에게 보복하는 것
당신 친구가 그녀를 위한 마지막 시간을 기다리게 했기 때문에 당신도 약속 시간에 고의로 늦었는가? 목사님께서 당신이 부르고 싶은 찬송을 부르지 않았기 때문에 찬송을 부르지 않고 가만히 앉아 있었는가? 당신의 아들이 당신의 생일을 그냥 지나쳤기 때문에 당신 목소리는 쌀쌀맞지 않았는가? 당신은 최근에 당신을 위해 아무것도 해주지 않는 것을 기억하고 누구에게 위해 호의를 베푸는 것을 그만두지는 않았는가?

수시로 흥분하고 화내며, 불안하고, 쉽게 약이 오름

당신은 누군가 끊임없이 칠판을 긁는 것처럼 당신의 신경을 거스른다면, 당신은(그러나 거의 드문 일이지만) 그게 누구이든지, 즉 배우자, 아이들, 룸메이트, 동료, 심지어 당신 사장이라고 할지라도 화를 내고 싶어한다.

생리적인 문제

치솟는 고혈압, 긴장, 근육통, 두통, 요통, 복통, 위경련, 고지혈증, 소화불량, 결장경련, 궤양, 과민성대장증후군과 심지어 심장병(최근 일부 실험에 따르면)이 화를 조절하지 못함으로써 나타날 수 있다.[1]

종교에 대한 반응

숨겨진 분노는 말씀, 성경 구절, 가르침에 대한 반응을 표면으로 드러낼 수도 있다. 심지어 하나님의 반복적인 약속을 들으며, 화가 나고, 슬프고, 또는 절망을 느끼기도 한다. 하나님의 이름, 기도, 그리고 주의 말씀에 신경이 거슬릴 수도 있고, 사소한 것을 문제시하여 논쟁하거나 냉소적인 표현으로 다른 사람들의 화를 불러일으키기도 한다.

이런 증상의 일부 혹은 모두는 하나님의 자녀가 성령의 열매로 인하여 기뻐할 것이라는 하나님의 약속과 (갈 5:22-23) 우리 안에서 행하시는 하나님의 역사가 다른 사람들과의 화해를 가져올 것이라는

---

[1] 이 병들 모두는 다른 원인을 가지고 있을 수 있다. 따라서 당신 주치의가 원인을 확신하는 것은 의학적으로 치료 가능하기에 병에서 제외한다. 그리고 비록 당신의 문제가 분노일지라도 또한 육체적인 증상으로 나타나 치료가 필요할 수도 있다.

하나님의 약속에도 불구하고(고후 5:18) 우리가 분노를 억누를 때 발생할수 있다.

5) 의심, 소원함, 무의미

"하나님은 멀리 계신 것 같다"라고 올리브(Olive)는 중얼거렸다. 이 65세의 여자는 갑자기 건강, 남편, 집, 재산, 그리고 자식 중 하나를 잃었다. 항우울성 약물치료도 도움이 되지 않았다. 그녀는 하나님을 의심하고 하나님께 분노했다. 왜냐하면 그녀는 하나님이 그녀를 괴롭게 하셨다고 생각했기 때문이다. 그녀의 눈에는 이 모든 것이 의미있는 삶을 앗아갔다고 생각했다.

우리가 하나님을 악하고 예측할 수 없는 분이거나 강탈자로 생각할 때, 하나님이 예수 그리스도 안에서 계시로 모든 것을 우리에게 말씀하셨음에도 불구하고 우리는 마음과 감정과 몸에 병이 들 수 있다. 하나님이 우리에게 소망을 주시고 미래를 보장해주실 것을 확실히 약속할지라도 인생이 공허하다는 감정과 의심으로 인해 어려움이 올 수도 있다(렘 29:11).

6) 잘못된 선택의 합리화

하나님과의 단절 증상은 느낌뿐만 아니라 방어도 포함될 것이다. 예를 들면, 잘못된 선택을 합리화시키는 것이다.

당신과 내가 어떤 죄의 정욕에 빠져들고 싶을 때 합리화하는 것은 쉽다. 당신은 자신에게 "비록 하나님의 명령에 위반될지라도 나는 잠시 향락을 누릴 권리가 있어"라고 말하고 있는 것을 본 적이 있는가?

최근에 한 남자가 자신의 여자 친구와 동거 중이라고 내게 말했다. 그는 만약 일이 잘못되었을 때 도망갈 수 없는 결혼은 부담스러워서 원치 않는다는 것이 그 이유였다. 그는 진실하고 진정한 사랑은 항상 의무가 따른다는 사실 때문에 스스로 혼란을 겪으려 하지 않았다. 그래서 그가 할 수 있는 최선의 방법은 자기 행동에 대한 안타까운 합리화였다.

우리의 건강하지 못한 생각이 항상 우리가 갈망하는 바로 그것을 갖지 못하게 할 때 친밀감, 용납, 사랑을 찾는 것은 얼마나 슬픈 일인가(잠 4:20-5:23).

7) 술과 마약

하나님과의 단절은 우리 인생에서 하나님이 의미가 없는 존재가 된 것이다. 그래서 그때 당신은 또 다른 것에서 '구원'을 찾으려고 노력할 것이다.

내가 서두에 말했던 것처럼 나는 한때 알코올에서 의미를 찾으려고 애썼다. 그래서 나는 화학물질에 의존하는 사람들은 끊임없이 마술과 같이 속이는 '고도의 기능'을 제공하는 마약을 찾는다는 것을 안다. 그들은 (비록 그들이 그것을 인지하지 못할지라도) 정말로 그 화학물질이 하나님이 하실 수 있는 것보다 더 많은 것을 할 것이라고 믿는다. 심지어 스스로 말하는 자기 대화를 통해 그들은 그것이 인생을 지탱하게 하는 유일한 길이라고 믿기 때문에 술과 마약이 그들에게 가장 좋은 것이라고 생각한다. 그래서 매일 오후 3시가 되면, 그들은 스스로 다음과 같이 생각한다. "이제 2시간만 지나면, 나는 술을 마실 수 있을 거야. 그리고 인생은 다시 좋아질 거야."

많은 사람이 진정한 삶을 찾아서 이러한 물질 남용의 길을 걷는다. 그러나 이것은 하나님의 경고를 무시하고 성령님과 연합이 진정한 삶을 제공해 준다는 것을 무시한 것이기에 그들은 더 많은 고통과 고립만을 발견하게 될 뿐이다(잠 20:1; 엡 5:18).

8) 자연스러운 감사의 상실

심지어 개들도 친절한 당신에게 '감사하기' 위해서 반갑게 꼬리를 흔든다. 그러나 하나님과의 단절을 가지고 있는 사람들은 하나님을 향해 마음속에서 우러나오는 감사의 마음을 경험하려 하지 않는다. 심지어 그들이 기독교인이라고 자처할지라도 좀처럼 그렇게 하지 않는다. 게다가 그들은 어떤 것에 대해서도 낙관적으로 보지 않고, 하나님이 그들의 삶에 얼마나 적극적이신지를 보려고 하지 않는다. 점차 틈이 벌어짐에 따라 그들은 좋은 일이 발생하게 된 원인을 우연한 일로 보게 된다. 그리고 하나님 때문에 나쁜 일이 일어나게 되었다고 생각하며 서서히 자신이 우주의 중심이 된다.

자연스러운 감사는 일반적인 것이고 단지 기독교인에게만 아니라 모든 인간에게 본능적으로 일어나는 것이다. 하나님과의 단절이 있는 사람들의 내면의 자기 대화를 살펴보면 창조자의 사랑을 받기 위해 창조되었다는 본능적인 반응이 아주 부족한 것으로 나타난다(시 65:11-13; 69:34; 96:11-13; 98:4-9).

9) 순전히 자기중심적인 기대

하나님을 드러내는 대화가 중요하지 않은 것으로 생각되어 우리 대화에서 사라지고 있음에 주의하라. "나는 그것을 좋아하지 않기 때문에…"라는 말투는 어떤 일이 일어나지 않는 충분한 이유가 된다. "나는…라고 생각하는 것을 더 좋아한다"라는 말은 그들의 관점에 따라 어떤 일이 실제로 일어나게 하는 최고의 이유가 된다. "나는 그것을 원한다"라는 말은 왜 우주의 일부가 그들의 소유가 되는지를 설명하는 데 적절하다.

내 경우에 따르면 나는 내 가족이 회복되기를 원했고 하나님을 믿기 위해서 다른 어떤 일이 일어나는 것을 원하지 않았다. 무엇보다도 내 요구는 100% 성경적이었다. 하나님은 내 기대에 따라 행하지 않으실 어떤 이유도 가지고 있지 않으셨다. 나는 그것을 내 방식대로 원했을 뿐 하나님의 방식대로 원한 것이 아니었다. 그리고 나는 공정하지 못하다고 생각하여 상실을 겪은 후에 단절로 고통을 겪고 있는 사람들에게 나타나는 이와 유사한 자기중심적 요구들에 자주 직면하게 되었다. 비록 예수님께서 주님을 사랑하고 복종하는 자는 아버지 사랑을 더 많이 받을 것이라고 선언하셨음에도 불구하고, 자기중심적 생각은 자기가 원하는 것으로 빽빽이 들어찬 꿈과 같은 세상 속에서 사람들과 친밀해지는 것을 추구한다.

10) 인생을 보는 관점이 다르기 때문에 오는 스트레스

당신은 누군가에게서 인생을 보는 관점이 다르기 때문에 스트레스를 받고 있다는 소리를 듣는다. 그들은 인생을 이해하고 생각하기를 인생이 그들을 행복하게 만들고, 또한 그들에게 충만을 주는 지위, 성공, 명성, 업적달성, 돈, 안전, 섹스 심지어 '주님을 위한 사역'과 같은 어떤 외적인 기능이 뒤따를 것이라고 생각했다. 그들은 그들의 인생 설계를 이러한 선택적인 관점에 따라 세웠다. 그러나 거짓된 우상은 항상 패한다.

우울은 우상이 그들에게 아무 즐거움을 주지 못함에도 불구하고 자신의 그 우상(그것이 무엇이든지 간에)을 버리기를 두려워하기 때문에 오는 것이다.

이런 사람들이 배워야 하는 것은 하나님 안에서 안식을 누리는 방법이며 이 세상에서 온전한 자신의 형통함과 '소속감'을 위해 하나님을 신뢰하는 것이다. 그들은 하나님으로부터 오는 지혜를 따르기보다 오히려 자기 인생의 지혜를 의지했다(잠 3:5-8).

11) 냉소주의

부정적인 사람은 상황이 결코 더 좋아지지 않고 악화된다고 믿는다. 이런 그릇된 신념으로 만든 우상(god)이 그를 패배시켰다. 그러

니 다시 실망만 시킬 뿐 어찌 미래를 소망하겠는가? 열정은 부정적인 사람을 화나게 하기 때문에 그들은 구원을 받았고 치료를 받았다고 말하며 은혜를 받거나 사랑을 받았다고 여기저기 외치며 다니는 사람들을 경멸한다. 그 태도는 "그냥 기다려"(just wait)이다. 그는 종교적 배경에서 정서를 멸시한다.

내적으로 그는 또 다른 환멸감에 자신이 노출되는 것을 두려워한다. 그가 최종적으로 바라는 것은 또 다른 희망이라는 제물이다. 그가 찾을 수 있는 유일한 방어는 인생을 의문투성이(question mark)로 보는 것이다. 그리고 모욕으로 모든 희망적인 것에 답하는 것이다.

그러나 하나님은 부정적인 사람들에게 다음과 같이 말씀하신다.

> 너희는 마음을 다하고 목숨을 다하고 뜻을 다하여 주 너의 하나님을 사랑하라(마 22:37).

> 어떤 자들이 믿지 아니하였으면 어찌하리요 그 믿지 아니함이 하나님의 미쁘심을 폐하겠느냐(롬 3:3).

비록 모든 사람이 거짓말쟁이라 할지라도 하나님은 진실하시다.

12) 율법주의로 신앙이 깊은 척 속이기

신앙이 깊은 척 하는 것은 비록 그것이 심리적 정황[2] 속에서 다루

---

[2] 심리적 정황이란 일반적으로 종교가 대부분의 사람들에게 매우 중요한 것이 사실임에도 불구하고 종교를 피한다. 몇몇 심리학자들은 종교적 현상에 관한 탁월한 연구자료를 발표했다. 그러나 대부분이 종교적 문제들은 중요하지 않고 이상심리학,

어지지 않을지라도 하나의 심리적 증상이다. 이러한 것들은 하나님과의 단절을 감추기 위해 다른 것으로 응용하는 방어들이다.

'종교적' 방어는 그들이 얼마나 멀리 표류하는지에 대한 유쾌하지 못한 진실에 직면하는 것을 피하려고 고통 받는 사람들에게 틈을 주는 것이다. 그렇게 함으로써 어떤 안정을 유지하는 것이다. 즉 그것은 엄청난 대가를 치르는 행위이다.

'강력한 영성'(이것은 성령과 아무런 관계가 없다)은 일반적으로는 현실적이지 않으며 떠다니는 부유물에 지나지 않지만 개인에게는 만성적인 두통, 알코올 중독, 처방전 약품 또는 포르노 중독과 같은 현실적인 것이 된다. 광적이거나 잘못된 '경호'(Gung Ho)³와 같은 종교적 태도는 슬픔, 실망, 실패 그리고 부정직과 같은 매우 다른 숨겨진 삶을 수반할 수도 있다. 소심함 때문에 안전함에 가려진 불안은 선량한 사람을 속인다. 그리고 어떤 것은 자신의 완벽한 기준이 무너지지 않을까 하는 두려움에 대한 증거가 된다.

13) 여러 진정제

알코올 남용과 무분별한 약물복용이 사람들에게 종종 단절을 가져오는 데도 불구하고, 이 종교적인 사람들의 처방된 약이 위선적

정신병리학 그리고 성격이론에 관한 정황에서는 논의될 필요가 없다고 가정한다. 사실 많은 심리학자들은 신앙이 없는 비종교인이지만, 종교가 어떤 관심을 끌 만한 이점이 없다고 하는 그들의 가정은 엄청난 선입견 그 이상 어떤 것도 아니라고 생각한다.

3 경호는 미 해병대에서 사용하는 일종의 사기진작을 하기 위한 구호로써 본래는 중국군의 '공화'(共和)에서 유래된 것이다(역주).

인 삶의 고통을 진정시키는 데 더 자주 사용한다.

바륨(Valium, 신경안정제)과 자낙스(Xanax, 신경안정제)는 의학적으로 사용이 허락된 경우가 있다. 그러나 이것들은 수면제, 진정제, 또는 극심한 추위와 고통을 진정시키는 진통제나 감기약으로 남용될 수 있다. 왜냐하면 이 물질들이 일시적으로 아픈 몸을 안정시켜, 자기 기만[4]의 보조물로 사용될 수 있기 때문이다. 때로 어떤 사람은, 약을 과용하여 온종일 침대에 누워 시간을 보낸다. 이것 또한 도피나 회피 행위가 될 것이다. 자신을 무감각하게 만드는 화학물질에 의존하는 이러한 행위는 단절 그 자체에만 관심을 기울이도록 한다. 진리에 대한 외적 표출이나 내적 계시에 대한 방어 때문에 율법주의자나 사이비 종교인은 진정한 영성에 의해 부여되는 정화된 통찰을 놓치게 된다.

단절을 가져오는 진짜 적은 죄성에 있다는 것을 깨달아야 하는데 사람들은 그것을 거부한다. 하지만 그것은 건강하게 되는 첫번째 단계가 될 것이다. 고통 당하는 사람은 그 내면에 하나님을 부인하는 성향을 여전히 가지고 있다. 그러나 그들이 이러한 불쾌하고 환영받지 못하는 진리에 직면했을 때만이 진정한 영성이 삶을 변화시키는 작업을 시작할 수 있다.

---

4 그러나 항상 그런 것은 아니다. 나는 이 장에서 약간 두려움을 가지고 기록했다. 왜냐하면 정말 도움이 되는 약의 사용을 회피하는 것은 진정제 등에 의존하는 것만큼이나 완벽주의적이며 그릇된 생각이 될 수 있기 때문이다. 어떤 정신병리 치료약은 치명적인 고통 없이 정신병리적, 화학적 불균형을 치료한다. 삶에서 항상 잘 분별하는 것이 중요하다.

2. "나는…한 친구를 안다."

당신은 앞 구절의 글귀를 읽었을 때 누가 생각났는가?

누군가 생각이 났는가?

내가 젊었을 때, 첫 번째 설교를 했던 날 아침 한 절친한 친구가 나와 악수하면서 다음과 같이 말했다.

"나는 새디(Sadie)가 여기에 있었으면 싶었어! 이 설교는 그녀에게 정말로 필요한데…."

위험한 것은 당신 내면에 초점을 맞추지 않고 성령님이 당신의 단절 증상을 집중적으로 조명하시는 것을 허락하지 않는다는 것이다. 우리 각자 자신의 행위를 합리화하고, 분노나 다른 바람직하지 않은 기질들을 숨기기는 매우 쉽다. 따라서 우리는 다음과 같이 말한다.

> 나는 우울하지도 않고 우울할 수도 없어. 왜냐하면 나는 명랑한 기독교인이 되려고 노력하니깐!

> 걱정이라고? 나는 걱정하지 않아. 빌립보서 말씀은 우리에게 어떤 것도 걱정하지 말라고 했어. 나는 성경을 믿는 기독교인이야. 나는 걱정할 수 없어.

> 나는 이런 진정제들에 중독되지 않아. 단지 그것들이 필요할 뿐이야.

> 내가 알코올 중독자라고? 아니야! 기독교인의 자유는 내가 마실 것을 마시도록 허락하는 거야. 그러나 내가 끊기를 원할 때 나는 끊을 수 있어. 물론, 나는 종종 좀 많이 마시기도 하지만 언제나 그런 것은 아니야.

나는 빈정대지 않아. 여기서 누가 농담을 할 수 있겠어?

모든 나의 조급함은 엄밀히 말하면 나의 생리전증후군(PMS) 때문이야

나는 아내 때문에 좌절했어.

나는 인색한 사장과 그의 얍삽한 태도 때문에 화가 났어. 그는 결코 내가 열심히 일한 만큼 나에게 댓가를 지불하지 않았어!

왜 진실하신 주님이 당신에게 단절 징조들이 어디에서 나타나는지를 보여주도록 요구하지 않는가?

하나님은 결코 우리를 대적하지 않으시고 항상 우리를 위해서만 존재하실 뿐이다(롬 8장). 무엇이 상처를 주는가? 당신의 증상에 직면하는 것이 진단과 치료로 나가는 첫 단계이다.

아래 항목 중에서 얼마나 많은 증상이 당신에게 특징적으로 나타나는가? 이 점검표를 영적인 '거울'로 활용하면 좋겠다.

____ 나는 자주 우울, 낙담, 그리고 삶이 무가치하다는 느낌 때문에 어려움을 겪는다.

____ 나는 정말 두려워하지 말아야 할 것들에 대해 불안이나 두려움을 느낀다. 예를 들면, 나는 다른 사람들이 나를 가볍게 보지나 않을까 걱정된다.

____ 나는 재정, 건강, 내가 사랑하는 사람들의 안전에 대하여 많이 걱정한다.

____ 나는 어떤 것에 대해 긴장하고 걱정을 한다. 그러나 그것이 무

엇인지 정말로 알 수 없다. 나는 종종 화도 잘 낸다.
____ 나는 만성적으로 화가 나 있다.
____ 나는 교묘하게 수동공격적인 방법, 이를테면 약속에 늦는다든지, 그들이 좋아하지 않는다는 것을 알면서도 그런 일을 한다거나 말하는 것으로 다른 사람들에게 복수하려고 한다.
____ 내가 생각하기에 나는 약간 숨겨진 분노를 품고 다닌다.
____ 나는 성질이 급하다.
____ 내가 이성을 잃었을 때 누군가에게 상처 주기 쉽다.
____ 나는 폭력을 행하고 사람을 때리거나 물건을 부순다.
____ 나는 어떤 일에 대해 하나님이 하셨거나 하지 않으셨기 때문에 화가 난다.
____ 나는 항상 하나님으로부터 멀어져 있다고 느낀다.
____ 나는 대부분 나의 결점과 나쁜 습관에 대한 '이유'를 댈 수 있는 능력을 갖추고 있다.
____ 나는 알코올이나 마약을 복용한다. 그리고 내가 생각하기에 이들 중 하나에 의존한다(예를 들면, 나는 이따금씩 과음한다. 그렇지 않으면, 진정제나 수면제 없이 버틸 수 없다).
____ 내가 하나님께 감사의 마음을 표현해야 할 때에도 나는 그것을 숨긴다. 나는 좀처럼 하나님께 감사의 마음을 표현하지 않는다.
____ 나는 낙관적이거나 긍정적으로 사물을 보지 않는다.
____ 나는 항상 시종일관 나 자신만을 생각한다. 그것이 다른 사람을 걱정하게 하는 것이다.

____ 나는 내가 알고 있는 모든 사람이 스스로 녹초가 되리라고 생각한다. 당신은 정말로 최고만이 인정받는 세계에서 아무도 신뢰할 수 없다.

____ 나는 종교적인 가면을 쓰고 다른 이들이 현재의 나보다 더 좋은 나로 생각하도록 할 것이다.

____ 나는 종종 다음과 같은 그릇된 신념을 자신에게 말한다(다음에 말하는 것은 특히 하나님과의 단절을 나타내는 그릇된 신념들이다. 만약에 당신이 종종 그것들을 자기 대화 중에 발견한다면, 그것은 심각한 영적인 문제라는 것을 알게 될 것이다).

    ____ 하나님은 종종 매우 멀리 있는 것처럼 느껴진다.

    ____ 하나님은 나를 사랑하지 않으신다.

    ____ 하나님은 내가 괴로워하는 것 보기를 좋아하신다.

    ____ 하나님이 나를 위해 일하시는 것은 없다.

    ____ 내가 기도할 때 어떤 변화도 없다.

    ____ 나는 성경을 읽을 때 성경에서 어떤 선한 것도 내게는 적용되지 않기 때문에 슬프다.

    ____ 나는 하나님이 그렇게 많은 고통을 허락하셨다는 것을 좀처럼 믿기 어렵다.

    ____ 나는 정서적으로 좋아지지 않는데도 모든 것을 하려고 노력했다.

    ____ 나는 빈번히 하나님의 존재와 하나님의 선하심과 약속을 의심한다.

    ____ 나는 다음과 같이 질문하는 나 자신을 발견한다. "왜 나

는 운이 없을까?" 나는 하나님이 항상 나에게 일어나는 그러한 무서운 일들을 허락하시는 것이 잘못된 것이라고 생각한다.

3. 자신을 진단하라

만약 거울에 비친 당신 자신과 진실하게 대면했다면 지금이 바로 진단할 때이다. 그러나 조심하라! 우리 대부분은 우리 질병을 영적인 침체가 아닌 외부적 문제로 진단하는 일반 심리학으로부터 영향을 받고 있다.

결론적으로 우리는 대개 더 깊은 병을 숨기기 위해 표면적인 증상만을 일반적으로 허용한다. 과거에 대한 통찰을 얻는다는 것은 더 깊은 진실로 향하는 첫 단계가 될 수 있을지는 모르나 그것은 단지 첫 단계일 뿐이다.

예를 들면, 당신이 걱정하거나 분노하는 이유가 성질을 참지 못하는 집에서 양육을 받았기 때문이라는 것에 나는 동의하지 않는다. 당신이 항상 누군가에게 당신의 분노를 직접적으로 표출하는 것이 두려워 간접적인 방법을 취하겠다는 생각이 들면 멈추는 것이 좋다. 심리학을 뛰어넘어 영적으로 행동했으면 한다.

이 장은 여러 가지 문제들이 주님과의 숨겨진 단절과 어떻게 연관되어 있는지 보여주기 위해 기술되었다. 만일 당신이 점검 목록에서 검토했듯이 제시된 문제의 일부에 반응한다는 것을 발견했다면 가장 중요한 다음 단계로 들어갈 때이다.

당신 자신에게 다음과 같이 질문하는 것도 좋다. "어떤 식으로 나는 하나님으로부터 떠나 멀어져 있는가? 정말 나는 하나님과 문제가 있는가?"

아마 당신이 문제를 가지고 있다고 생각한다면 왜 그렇게 되었는지 더 잘 알고 싶을 것이고, 당신에게 피해만 주는 분리를 끝낼 방법을 알고 싶을 것이다. 자신의 증상이 당신이 하나님으로부터 단절되었을 때 올 수 있는 나쁜 열매이고 또한 그것에 대한 증거라고 생각하지 않는가?

4. 통찰력을 요구하라

우리가 하나님의 반응을 살피기에 앞서 나는 당신에게 다음과 같이 기도하도록 간곡히 권고한다.

> 아버지, 성령의 능력으로 제 영이 살아나게 해주세요.
> 제 자아에 대한 진실을 알도록 저를 인도해주세요.
> 만일 제가 당신과의 단절을 만들었다면 지금 저에게 그것을 보여주시고 치료받도록 저를 인도해주세요.
> 제가 더 깊은 영적 여행을 할 때 당신에 대한 잘못된 마음의 태도를 보여주시고 주님과 거리를 두게 하는 제 마음의 태도를 보여주세요.
> 예수 그리스도의 이름으로 기도합니다. 아멘.

여행

3일간의 비바람이 부는 악천후 속에
호수 위 파도와 싸우며 비에 젖은
짐을 운반했습니다.
우리 몸은 젖었고
땔감 장작도 모두 젖었습니다.
그리고 기거할 천막도 진흙투성이가 되었고
게다가 모두 얇은 옷을 입고 있었습니다.
하나님, 우리는 맑은 하늘과
고요히 반사되는 호수를 원합니다!
하지만 하늘도 우리와 함께 울고 있네요.
3일 밤낮이 지난 후
그리고 나서 떠오르는 태양
알았습니다. 이 모든 일 속에서
우리는 우리를 사랑하시는 당신을 통해
정복자보다 더 강한 존재임을.

하나님은 우리를 어떻게 치유 하시는가?

The Hidden Rift With God

5장
하나님의 선하심이 잘못인가?

앞에서 우리는 거부에 의해 영향 받을 수 있는 여러 방법을 살펴보았다. 즉 그 거부는 자신을 향한 것이며 동시에 하나님을 향한 것이다. 그 너머에 우리는 그 증상들이 실제로 근본적인 문제와 어떤 연관이 있는지를 알기 위해서 우리를 괴롭히는 실제적인 증상들을 검토하기 시작했고 그것이 하나님으로부터 우리를 다소 멀어지게 한다는 사실도 알았다.

따라서 이제 우리는 그 단절의 본질을 살펴볼 필요가 있다. 그 문제들이 어떤 것이든 간에, 나는 문제의 근원에 하나의 주요한 문제가 있다고 믿는다. 그것은 곧 당신과 나에게 있어 선함에 대한 하나님과의 의견의 불일치이다.

우리는 비록 하나님이 금하시는 것이지만 우리가 하고 싶은 일에 대해 하나님께 반론을 제기하든지 아니면 하나님이 허락하신 것이지만 우리가 받아들이고 싶지 않은 일이 우리 삶에 일어난 것에 이

의를 제기하든지, 우리의 주요 신념은 우리에게 절대 선이라고 하는 것에 있어 하나님께 잘못이 있다고 생각한다. 그것은 놀랍거나 당황스러운 일일 것이다. 그러나 불쾌한 일로 말미암은 곤경이나 잘못된 행동의 선택은 하나님과의 논쟁에 뿌리를 두고 있다.

글렌(Glenn)과 카라(Kara)의 비극적인 이야기가 그 점을 잘 설명해 주고 있다.

1. 하나님과의 단절에 대한 심도 있는 분석

카라는 용납하기 어렵다는 것을 알았으나 그것은 그녀가 생각했던 것 이상이었다. 그녀는 글렌에게 좋은 소식을 전해주었지만, 그때 그는 분노로 얼굴이 빨갛게 상기 되어 이렇게 말했다.

"이것은 꾸며낸 일이고 임신이 아니라고 내게 말해."

그러나 카라는 용기를 내어 대답했다.

"이건 사실이에요. 의사 또한 어찌할 수 없대요. 이미 3개월이나 되었어요. 글렌, 제발 그러지 마세요."

그는 화를 내며 내 말에 끼어들었다.

"무엇을 그러지 말라는 거야? 흥분하지 말라고? 당황스럽잖아, 카라, 내 나이 53세야. 그리고 대학에 다니고 있는 세 아이를 위해 이미 돈을 다 썼어. 이제 나를 위한 삶을 살고 싶어. 카라, 나는 당신이 아이를 지우기 원해."

"글렌, 당신도 알다시피, 나는 내 아이를 지울 수 없어요! 이것은 우리가 겪고 넘어가야 하는 일이에요. 우리는 함께 잘 해낼 수 있어요"라고 카라가 말했다.

"내가 왜 그런 일을 또다시 겪어야 하는데"라며 그는 차갑게 말했다.

일주일 후에도 글렌은 여전히 의지를 굽히지 않았고 아내에게 최후통첩을 했다.

"카라, 정신차려. 당신이 아이를 유산하든지 말든지 당신 마음대로 해. 그게 다야. 만약 당신이 임신을 끝까지 고집하면 나는 떠날 거야."

불안한 한 달이 지나는 동안 그들 사이에서 오고 갔던 유일한 말은 "당신 오늘 차 정비 좀 해야 될 것 같아요", "나는 6시에 저녁을 준비할 거예요"와 같은 말이었다. 카라는 슬픔을 숨기려고 노력했고 글렌이 진정되어 임신을 받아들이도록 계속 기도했다. 글렌은 여전히 돌처럼 단단하게 굳어있었다.

어느 일요일 오후에 글렌은 충격적인 소식을 발표했다.

"카라, 당신이 이 아이를 기르든 말든 상관없이 나는 다른 곳에서 어떻게 해서든 인생의 만족을 찾기로 결심 했어. 나는 내 인생이 더 지나가기 전에, 그리고 고통과 실망으로 끝나기 전에 작은 행복이라도 찾고 싶어. 나는 당신에게 고통을 주느니 차라리 내가 고통을 받는 게 낫겠어. 하지만 나를 위해 할 수 있는 최선의 것을 해야겠어. 그것이 내 생각이야."

그리고는 주말에 글렌은 집을 나갔고 카라는 밤마다 울면서 잠이 들었다.

글렌은 자기 사무실에서 어떤 여자와 '모험을 즐기는' 은밀한 만남이 항상 옳다고 자신에게 계속해서 속삭였다. 비록 자신이 기독교인이라는 것을 인식하고 있음에도 불구하고 글렌은 '진정한' 사랑과 행복을 찾는 것이 얼마나 중요한지를 하나님이 이해하셔야만 한다고 자신에게 말했다. 그는 하나님이 자기의 깊은 요구를 이해하고 계신다고 생각했고 그것이 비록 그를 성가시게 하는 일이었지만 그만 두지 않았다. 그 결과 글렌과 하나님과의 갈등은 선의 문제로 바뀌었다.

글렌은 서로 다르지만 관련이 있는 두 가지 이유로 하나님의 선을 거부했다.

첫째, 글렌은 카라의 임신으로 인한 실망과 분노 때문에 하나님의 선을 거절했다. 글렌은 나이가 든 임신한 여자에게 '얽매이게' 된다는 그릇된 신념을 갖고 있었다. 그리고 그것은 인생에서 그의 운명이 끔찍할 것이라는 것을 의미했다. 임신은 그의 결혼에 있어 육체적 매력이 상실되기 때문에 전적으로 수용할 수 없었다.

그러나 당신도 알다시피 글렌의 결혼과 카라의 임신은 모두 하나님이 결정하시거나 허락하신 환경이었다. 궁극적인 선은 '사랑 안에서' 중요한 감정이 서로 다르다고 생각하며 책임감에서 나오는 즐거움과 자유라는 것이다. 그러나 글렌은 하나님이 자기를 '대적' 하시기 위해 잘못된 일을 하셨다는 믿음을 선택했다.

둘째, 글렌은 하나님이 선하다고 선포하신 것에 반한 행동을 함으로써 하나님의 선을 계속해서 거부했다. 아내와 가족을 책임지는 것을 포기한 후 글렌은 자기 생각에 선한 것을 하기로 결정했다. 글렌은 하나님으로부터 멀어지게 하는 자기 고집대로 하였다.

어쩌면 기독교인으로서 당신의 선택은 글렌의 죄나 하나님으로부터 떠나기 위한 그의 선택과 같을 순 없을 것이다. 그러나 여기서 멈추는 것이 좋다. 하나님께 불순종하거나 비난하는 것을 고의적으로 선택하지 마라. 하나님이 우리를 하나님으로부터 멀어지게 하셨는가? 우리는 타인을 '죄인'으로 보는 바리새인과 같이 되지 않도록 조심해야 한다. 바리새인은 "나를 저 사람과 같게 하지 않아서 하나님 감사합니다"라고 말한다.

이와 같이 자신을 의롭다고 여기는 태도는 무지이며 성령님을 통해 우리 죄를 지적해주시는 하나님이 일을 소멸시키시는 아주 위험한 곳으로 우리를 이끄시는 것이다.

하나님과 의견이 달라서 하나님께 반항할 때, 우리는 실은 "나는 나를 위한 좋은 것을 알고 있습니다. 나는 내가 필요로 하는 것을 알고 있습니다"라고 말하고 있는 것 아닌가? 심지어 그리스인들도 개인적으로 대부분 자기들에게 좋은 것이 무엇인지 알고 있다는 태도를 취할 수 있다. 물론 우리는 모든 것을 알고 있는 것은 아니다라고 쉽게 인정한다. 그러나 어떤 때는 우리에게 필요한 것을 알고 있다고 믿는다.

그것은 우리가 원하는 것이 곧 우리가 필요로 하는 것이라는 그릇된 신념을 받아들이기 때문이다. 그래서 우리는 우리가 원하는 것이 우리에게 좋은 것이라고 생각한다.

다시 말해 만약 내가 어떤 것을 원한다면 그것은 선한 것이 된다. 그리고 만일 하나님이 그렇지 않다고 생각하시면, 그때 나는 하나님과 싸움을 한다. 심지어 나는 내가 원하는 것을 얻지 못했을 때 하나님의 사랑과 지혜를 얼마든지 의심하게 된다. 당신과 내가 또한 얼마든지 말할 수 있는 것은 하나님이 일을 잘못하셨다는 것이다.

커다란 갈등이 있는 곳에서 관계 가운데에 어떤 일이 일어나는지 좀 더 자세히 살펴보자. 내가 다른 사람과 논쟁을 하는 이유는 나는 확실히 옳고 다른 사람들은 틀리다고 생각하기 때문이다. 문제는 다른 사람도 자기가 확실히 옳고 선하다고 믿기 때문에 결과적으로 갈라지게 되는 것이다.

지난 며칠 동안 내 상담실에서 이러한 선(the good)에 대한 문제로 싸우고 있는 몇 가지 사례에 대해 들었고 그것은 아주 많은 사람의 관계를 훼손시키고 파괴하였다.

> 그렉(Greg)은 일주일에 3일 골프칠 것을 주장했지만 트리쉬(Trish)는 그가 소규모 사업에 완전히 집중하기를 원했기 때문에 불평한다. 그에게 있어 골프는 선한 것인 반면 사업상 방해물도 된다. 트리쉬에게 있어서 그렉이 일에 전념할 수 있게 하는 것이 선한 것이다. 그가 골프를 치는 것은 중요하지 않으며 가족 누구도 인정하지 않는 것이다.

> 해롤드(Harold)는 대마초(marihuana)로 어머니와 지속적으로 논쟁한다. 그녀는 그가 마약 하는 것을 중단하기 원한다. 그러나 해롤드는 적당한 사용이 그를 편안하게 하는 데 도움이 된다고 믿는다. 해롤드는 대마초 흡연이 좋은 것이라고 주장하지만 그의 어머니는 끊어야 한다고 주장한다.

> 루스(Ruth)는 여성들이 예배에 봉사자로 참석하는 것에 대해 담임 목사와 심도 있게 논의했다. "나는 여성들이 예배 인도자들 중에 포함되어

야 할 때가 되었다"라고 목사님에게 말했다. 그러나 그는 들으려고 하지 않았다. 그는 계속해서 성경은 결코 우리에게 여자들이 예배를 인도할 수 있다고 말하지 않는다고 했다. 그리고는 매우 화를 냈다.

필(Phil)은 자기가 너무 나이가 많고 느려서 가족이 운영하는 사업장에서 일할 수 없다는 문제로 아들과 말다툼을 했다. 그래서 그는 퇴직해야만 했다. 필은 그의 오랜 경험을 통해 요령을 터득했다. 그러므로 이것은 너무 가치 있는 자산이기에 사업을 절대 망하게 하지 않는다고 주장했다.

신디(Cindy)는 남편이 여유 자금을 보금자리 마련에 사용하기를 원한다는 사실에 몹시 슬퍼했다. 반면, 그녀는 집을 수리하기 원했다. 그들은 끊임없이 논쟁했다.

당신은 이 논쟁에서 서로 다투는 것이 자신들의 생각이 최고로 선한 것이라고 믿기 때문이라는 것을 아는가? 당신과 당신의 '반대자'가 다른 관점을 가지고 있을 때, 다른 사람의 주장에 대해 언급하지 않고 논쟁하는 것은 쉬운 일이다. 당신은 비록 이런 의문들이 인류에게 '선'에 대해 질문을 제기한다 할지라도 당신과 나는 우리 관점이 옳다고 평가할 수 있다. 비록 하나님이 다르게 생각하신다고 할지라도 말이다.

다시 글렌에게로 돌아가서 생각해보자. 그는 자기 아내가 나이 들어 임신한 것에 대해 분개했다. 다른 많은 사람처럼 글렌은 자신의 즉각적인 만족이 가장 높은 선이었다. 이런 '확실성' 차원에서 그는 다른 누군가를 위해 카라를 떠났고 태어나지 않은 자녀를 떠났다. 글렌은 그것이 더 이상 진실일 수 없을 때까지 진실을 왜곡했고 '악한 선과 선한 악'이라고 말할 정도로 진실을 왜곡했다(사 5:20). 그는 퉁명스럽게 말하면서 완전히 잘못된 쪽으로 빠지기까지 선한 감각을 왜곡했다.

심지어 생각이 건강한 영적인 사람도 성경 속에 나타나는 많은 사람처럼 자신을 위한 하나님의 선한 계획을 놓칠 수 있다. 다윗은 자신의 간음죄를 덮어버리기 위해 밧세바의 남편 우리아를 제거하는 것이 선한다고 생각했다. 야고보와 요한과 그들의 어머니는 그들이 다가올 하나님 나라에서 최고의 자리에 오르도록 요청하는 것이 지혜로운 것이라 생각하였다. 아나니아와 삽비라는 자신들을 위한 재정적 이익을 확보하기 위하여 사도들에게 거짓말을 하는 것이 선하다고 생각했다. 베드로는 야고보에 속하는 몇몇 유대인 앞에서 이방인들과 먹지 않는 것이 선하다고 생각했다. 각 사람이 선한 것을 선택하는 방법을 알고 있다고 생각했음에도 불구하고 그는 틀렸다.

이것은 우리에게 큰 모순에 직면하도록 한다. 하나님과의 단절에 대한 자세한 내용을 살펴보자. 하나님이 분명히 금지하신 사항을 선택하는 이유는 이런 것들이 우리에게 나쁘지 않을 것이라고 생각하기 때문이다. 우리는 그것들이 좋을 것이라 믿기 때문에 그렇게 한다! 우리는 하나님에 대한 불평과 분노로 뒤틀려 있다. 왜냐하면 하나님은 우리를 파괴하는 것들을 금하시고 대신에 삶의 방향과 건강 그리고 축복을 제공하시기 때문이다.

사람들이 나쁜 일이 발생할 것이라고 믿기 때문에 술을 먹고 약을 복용하는 것이 아니라 그들이 그것을 통해 기쁨을 발견하게 될 것이라 확신하기 때문이라는 것을 생각하라.

우리는 고통을 받게 될 것이기 때문에 거짓말을 하지 않고 속이지 않으며 간음하지 않는다. 그러나 우리 마음이 바라는 것을 곧 찾게 될 것이라고 생각하기 때문에 우리는 우리를 위한 최선이 무엇인지 안다고 생각하여 하나님으로부터 고의적으로 떠나려고 한다. 죄로 가득 찬 우리 마음은 창조주와 그의 법이 모두 틀렸다고 결정한다.

2. 인간의 유한한 마음과 하나님 마음과의 대립

지금까지 우리는 하나님과 갈등하는 두 가지 주요한 형태에 대해 고려해보았다. 첫째, 우리는 종종 하나님이 행하시는 것이나 하나님이 우리에게 일어날 일을 허용하시는 것에 대해 반대한다. 둘째, 우리는 하나님이 금하신 것을 선택한다. 그러나 우리는 아직 하나님과 논쟁하는 것에 대한 가장 일반적인 용어에 대해서는 언급하지 않았다. 이것을 죄라고 부른다.

심리학적으로 볼 때 내게 선한 것이라고 생각하여 내가 선택하고 행동한 것에 대해 하나님이 틀리다고 말씀하신 것에 대해 나의 유한한 마음이 하나님과 다툴 때 죄가 뿌리를 내리고 자라기 시작한다. 내가 하나님이 틀리다고 결정하셨을 때, 나는 하나님과 대립하여 내 자신의 판단에 따라 행동한다. 그런 의미에서 죄는 그릇된 신념이 지배하는 마음의 어두운 귀퉁이에서 솟아나는 신경증이나 우울증만큼이나 심리학적으로 이상이 있는 것이다.

때론 매혹적인 그림과는 달리 사람은 자기 자신을 죄로 포장한다. 즉 브로치가 달린 줄무늬 정장을 입은 부자가 되려는 영리한 사람들은 자신을 치장하고 날씬하게 매력적인 몸매를 만들고, 칵테일 유리잔 속에 거품이 이는 음료수에 흥분하며 들뜨고 가슴 뛰게 하는 고차원적인 삶으로 포장한다. 그러나 죄는 매혹적으로 되지 않고 죽음으로 끝나는 것이 현실이다.

오프라 윈프리 쇼(*Oprah Winfrey Show*)는 한때 악령들로부터 구출하는 축사 경험이 많은 목사이며 작가인 말라카이 마틴(Malachi Martin)을 초대 손님으로 초청하였다. 장난기 어린 작은 요정처럼 전 세계를 떠돌아다닌 마틴은 눈썹을 활 모양으로 구부리면서 카메라를 곧장 응시하며 다음과 같이 속삭였다.

"오프라, 마음이란 것은 사탄이 갖고 싶어 하는 곳입니다. 바로 마음 말입니다. 악마란 놈은 수풀 뒤에서 뛰쳐나와 곧바로 점프해서 당신을 움켜쥐지 않습니다. 그놈은 당신을 유혹하기 위해 당신의 몸을 겨냥하지 않습니다. 악마는 당신의 마음을 향해 움직입니다! 오프라! 당신 마음 말입니다. 그리고 그것이 당신 마음을 얻을 수만 있다면 곧 당신을 얻는 것입니다."

마틴이 그 말을 한 이유는 마치 당신의 눈이 보지 못하는 측면에서 당신을 향해 달려드는 그림자를 당신이 볼 수 없는 것처럼 당신 마음은 당신 어깨너머 등 뒤를 보는 데 쉽지 않기 때문이다.

그 쇼를 보는 누구도 핵심은 잊지 않을 것이다. 즉 당신 마음은 당신의 가장 취약한 기관이라는 것이다.

나는 마틴의 생각이 옳다고 믿는다. 사탄은 당신의 마음이 혼란할 때 하나님의 선하심이 잘못된 것이라고 당신을 설득하려고 시도할 것이다. 하나님이 실수하셨다고 생각하는 것이 곧 악의 근원이 되는 것이다. 따라서 죄는 먹고 마시는 것에 대한 우리의 욕구로 자라는 것이 아니다. 죄는 우리 생식기로 시작되지 않는다. 그것은 재산 또는 좋은 외모, 아니면 다른 사람들이 우리 눈앞에서 유혹하는 자질구레한 장신구 때문에 일어나지 않는다. 친구들이 우리로 시기하게 만들기 때문에 죄를 짓지 않는다. 또한 성질나게 해서 죄를 짓는 것도 아니다. 죄는 내 마음과 당신 마음에서 나온다. 그리고 하나님이 나쁘다고 선언하신 것을 선하다고 생각하고 수용했을 때 그것이 당신의 죄가 된다. 또는 우리가 하나님이 선하다고 하시는 것을 나쁘다고 생각할 때 죄가 된다. 그때 우리는 하나님과의 틈을 활짝 열어 놓게 된다.

하와는 하나님과 첫 단절을 가져온 불행한 인물이었고 그것은 인류의 첫 번째 죄가 되었다. 잠시 그녀의 이야기에 대해 생각해보자. 그것은 우리에게 하나님과의 마음의 단절이 죄를 어떻게 짓게 하는지의 과정을 알도록 도와줄 것이다.

하와의 마음에는 명백히 처음부터 자리 잡고 있는 두 가지 신념이 있었다. (1) 생명, 건강 그리고 축복이 창조자에게 순종할 때 온다는 신념. (2) 하나님이 금하시는 것을 행하는 것은 죽음을 가져온다는 신념. 하와는 하나님이 의도하셨던 유일한 선을 알고 있었다.

사탄이 하와의 마음속에 들어와 '의식을 깨우는 교육적 토론'을 시작하면서 그녀의 마음도 혼란에 빠지게 되었다. 그녀는 사탄의 제안을 기꺼이 허용함으로써 아마도 그녀가 생각했던 것 만큼 하나님이 선하시지 않다고 생각했을지도 모른다. 하와는 이 세상에 하나님이 인정하신 한 가지 사실만이 자기를 위한 진정한 선이라는 믿음에서 멀어져 갔다.

하와 이야기를 자기 자신의 이야기로 바꾸어 상상해보자. 그녀는 먹음직스럽게 보이는 과일이 너무나 선한 것이기에 하나님이 자기에게 먹지 말라고 경고하신 것이라고 자기 자신에게 말했다. 그리고 그녀가 선과 악에 대한 놀라운 지식을 얻었을 때 그 어떤 것도 그녀가 하나님처럼 되는 것을 막을 수 없었다.

그들이 말한 것처럼 그것은 어리석은 생각이었다. 사실 그것은 무언가 대가를 지불해야 할 것이다. 그러나 선한 결과가 위험한 것처럼 보였다. 그녀는 마음을 바꾸고 하나님의 명령이 거짓이었다는 완전히 새로운 약속을 선택했다(그 당시에는 새로운 것이었지만 오늘날에는 일반적으로 그렇지 않다). 그 다음에는 그것을 먹지 않을 이유가 없었다. 아담 또한 확신했고 그들의 마음에 드는 생각은 최초의 단절이며 불순종과 죄였고 그 결과 죽음이 뒤따랐다.

만일 죄의 권세를 깨뜨리고 싶다면 당신과 나는 하나님이 틀렸다고 생각하는 깊고 그릇된 신념을 찾아내는 방법을 배워야 하고, 우리 마음이 하나님을 논박하도록 만드는 성향을 제거하는 방법을 배워야 한다. 그리고 우리 마음을 진리로 채우는 것을 배워야만 한다.

우리 마음이 올바른 신념으로 채워진다는 것은 '믿음 안에서의 성장'이라는 성경 말씀에 명확히 기초를 두고 있는 것이다. 그리고 그것은 죄의 권세를 이기고 승리할 수 있는 유일한 길이다.

3. 죄를 유발하는 신념

우리 중 누군가가 그릇된 것이 옳고 하나님이 나쁘다는 생각에까지 이르렀다면 우리는 어떤 새로운 개념(notions)을 적용해야만 한다. 당신이 다음 생각들을 점검하지 않는다면 정말 큰일이 발생하게 될 것이다.

첫째, 나에 대한 하나님 뜻과 그분의 명령은 하나님을 위한 최선이지 나를 위한 최선이 아니다. 나를 하나님께 복종시키려는 의도는 나를 통제하기 위한 포악한 마음이거나 이기적인 요구에서 나올 뿐이다.

둘째, 만약 하나님의 명령이 나를 위한 최선이 아니라면 하나님은 자기 자신의 이익을 위해 거짓말을 하고 있음에 틀림이 없다. 하나님을 신뢰할 수 없는 것이다. 특히 만일 나의 선함이 하나님께 폄하되어 보이거나 하나님의 계획에 지장을 준 것처럼 보이고 또는 나에 대한 하나님의 통제를 제한하는 것처럼 보이면 나는 결코 하나님의 뜻이 나를 위한 선이라고 확신할 수 없다.

셋째, 심지어 하나님이 바로 드러내시지 않고 선에 대해 거짓말을 하신다면 나를 위한 선이 정말 무엇인지 하나님이 모르고 계신지도 모른다. 하나님이 나와 마찬가지로 내게 선한 것이 무엇인지에 대해 거짓말을 하시든 아니면 단순히 잘 모르시든 그것은 중요하지 않다. 내가 지금 하나님 위치에 있게 되는 것이다.

넷째, 그러므로 나는 무엇이 선한 것인지 스스로 결정을 해야 한다. 나는 누구도 의지할 수 없다. 내가 믿을 수 있는 유일한 사람은 바로 나 자신이다. 나는 나 자신에 대한 선의 최종 중재자이다. 내가 지금 직면하는 것은 이에 수반되는 다음과 같은 사실로 두려워한다는 것이다. 즉 나는 혼자이고 여러 실수들이 나를 치명적인 것 이상으로 악화시킬 수 있다는 것이다.

4. 하와의 자손

 죄가 모든 경우에 같은 방식으로 역사한다는 것을 무엇이 입증하는가? 성경이 그렇다고 한다.
 예수님은 죄의 근원에 대한 그의 유명한 가르침에서 다음과 같이 말씀하셨다.

> 마음에서 악한 것이 나온다(마 15:19).

 성경학자들은 '심장'이라는 용어가 마음을 의미한다고 말한다.
 바울 또한 죄악된 삶이 어떻게 그릇된 신념과 사고로부터 나오는지를 가르치기 위해 마음이라는 용어를 사용했다. 반면에 올바른 삶은 신령한 생각에 마음을 고정시킴으로써 나온다고 했다(롬 3-7).
 이것에 대해 좀 더 자세히 살펴보자.
 모든 죄는 신념으로부터 나온다. 모든 불행에 대해 그렇게 말하는 것은 어렵겠지만 사실이다. 나는 나의 불행한 상황, 외로움과 불안정을 용납하지 못하고 거부하고, 하나님이 나를 파멸시키기 위해 악을 허용하셨다는 것을 믿기로 선택했다. 그러므로 하나님은 잘못되었다. 나는 알코올 남용과 타인의 사랑을 오용하기 시작했다. 내가 오래전에 옳고 그름의 차이를 구별하는 법을 배웠다면 어떻게 되었을까?

여기에 어떤 일이 일어났는지를 보여준다. 내 마음은 하나님이 잘못됐다는 확신을 했다. 하나님이 그런 행동에 대해 말씀하셨던 것과 반대로 나는 내 머리를 무감각하게 하는 것이 내 불행을 잊게 하는 데 좋을 것이라고 믿었다. 그리고 그것에 탐닉해야만 된다고 생각했다. 나의 불행한 상황으로 인해 하나님을 좀처럼 신뢰하지 못했기 때문에 나는 내 삶을 다스려야 한다고 생각했다. 이것은 모순처럼 들린다. 그리고 우리는 보통 이런 내용을 명백히 기술하지 않는다. 그러나 만일 우리가 돌아볼 용기만 가지고 있다면 우리는 그러한 그릇된 신념들이 규칙적으로 우리 죄를 단단히 묶고 있다는 것을 발견하게 될 것이다.

결혼한 남자와 계속되는 불륜을 이야기했던 내담자를 다루어보자. "우리는 서로 아주 많이 사랑하고 있습니다. 이것은 하나님의 뜻이 분명합니다"라고 그녀는 말했다. 동시에 그것은 그녀를 포함한 모두에게 매우 심한 고통을 주었다. 그녀는 그 고통에 대해 매우 슬퍼하며 안타까워했다. 그러나 그녀 역시 결혼을 했지만 그녀는 그 불륜을 포기하지 못했다. 그녀는 쾌락의 욕구를 충족시켜야 한다고 생각에 그것이 선한 것이라는 그릇된 신념에 빠졌다("나는 낭만을 갈망합니다. 선생님. 그리고 그의 아내는 그에게 결코 어떠한 도움도 주지 못합니다"). 그녀는 또한 하나님은 그녀의 욕구가 '진실한 사랑'이었다는 것을 이해하셔야 한다고 자신에게 말했다. 만일 모든 사람이 고통을 피해 갈 수만 있다면 결국 그는 이러한 거짓된 '선'을 추구하는 것에 동정을 나타낼지도 모른다.

두려움과 의심 그리고 죄의식에 시달리는 대학생에 관한 또 다른 예를 들어보자. 그는 내게 "나는 졸업을 해야 하므로 내 앞에 있는 친구의 답을 옮겨 적었을 뿐입니다"라고 말했다. "그리고 졸업을 하기 위해서 나는 최고 등급을 얻어야 했습니다. 왜 사람들은 내가 한 일에 대해서 어리석은 질문을 합니까?"라고 그는 논리적으로 말했다. 그는 자신의 잘못된 행동을 변명할 수 있는 구실을 가지고 있었고 그의 마음은 진리와 실수로 뒤범벅 되어 꼬여 있었다.

이제 또 다른 접근을 해보자. 하와의 후손인 우리가 저지를 수 있는 몇 가지 명백한 죄를 살펴보자. 그리고 그 죄들의 근원으로 거슬러 올라가 보자.

교만의 죄를 생각해보자. 많은 사람이 이 교만이 모든 죄를 짓게 하는 요소를 포함하고 있다고 믿는다. 왜냐하면 그 안에서 자신의 신이 만들어지기 때문이다. 만일 내가 죄악된 교만의 마음을 가지고 있다면 다른 사람들의 존경과 관심이 내 삶에 필수적이라고 확신하게 된다. 그리고 나는 겸손과 낮은 종이 되라는 예수님 말씀을 선으로 인정할 수 없다. 예수님께서는 실수를 하셨거나 거짓되었음에 틀림없다. 왜냐하면 나는 내 방식대로 주목하고 일하는 것이 매우 선하다고 생각하기 때문이다.

질투는 다른 사람들에게 가장 많은 영향을 주는 그릇된 신념으로 정의할 수 있다. 만일 나의 소유나 지위가 다른 사람들의 것보다 더 크지 않다면 나는 행복할 수 없다. 나는 예수님이 최고의 선이란 타인의 선을 위해 행동할 때 비롯된다고 주장하셨을 때 나는 예수님이 실현될 수 없는 낭만주의에 빠지게 되셨다고 믿었다.

　탐욕이란 어떤 것을 소유하기 위해서 순전히 그것을 자기 것으로 만드는 데에만 최고의 선으로서 가치를 두는 그릇된 신념을 말한다. 이것은 예수님의 지혜를 부인한다. 예수님은 다음과 같이 말씀하셨다.

> 삼가 모든 탐심을 물리치라 사람의 생명이 그 소유의 넉넉한 데 있지 아니하니라(눅 12:15).

　단순한 분노 감정이 아니라 치명적인 죄가 되는 분노는 복수가 선이라는 그릇된 신념에서 비롯된다. 그리고 그것은 용서하는 것이 어리석은 짓이라는 그릇된 신념으로부터 나온다.

　폭음이나 폭식은 이따금 하는 과식이나 과음에 있지 않고 오히려 소비가 삶의 모든 문제를 해결하는 답이라고 생각하는 그릇된 신념에 있다. 그래서 당신이 좀 기분이 나쁘다 싶으면, 이때 유일한 해결책은 아이스크림을 먹거나 '지칠 때까지 쇼핑'을 하는 것이다.

　기독교인이 죄를 범할 때도, 다른 사람들처럼 그릇된 신념으로 시작한다. 그 죄들은 하나님께 거스르는 행동을 하도록 이끈다. 불행하게도 우리 대부분은 또 하나의 그릇된 신념에 빠져 있다. 즉 "죄가 다른 사람들이나 나 자신에게 상처를 줄지라도 내가 저지른 '사소한' 죄에 얽매여 있는 것이 한동안은 내게 좋은 것이다. 결국 나는 용서를 받게 되고 결과적으로 나는 그렇게 나쁘지 않게 될 것이기 때문이다"라는 것이다. 그러나 성경은 모든 죄의 '열매'는 죽음이라고 말한다.

아담과 하와가 금지된 열매를 먹는 순간 그들은 죽었지만 호흡은 멈추지 않았다. 우선 모든 영적인 것이 죽는 것이다. 그것은 하나님에게서 멀어진 상태이고 하나님과 사귐이 없는 삶이며 하나님의 도움 없이 자신의 힘으로 애쓰는 것이고 무기력 속에 빠져 생명을 줄 수 없는 영적 근원이 죽어 있는 상태이다. 그리고 결국 그것은 당신의 심장이 고동치는 것을 중단하게 하고 당신의 영혼을 하나님으로부터 영원토록 분리되게 한다. 궁극적으로 죄는 단지 하나님에게서 멀어질 뿐만 아니라 하나님이 확실히 틀렸고 우리는 옳다고 주장하게 한다. 하나님이 다음과 같이 중요한 말씀을 하셨다. 이것은 앞으로 닥칠 일에 대한 무서운 말씀이다.

　　나의 영이 영원히 사람과 함께하지 아니하리니(창 6:3).

사랑의 팔로 그 단절을 회복시키기 위해 할 수 있는 모든 것을 행하셨던 하나님은 만일 우리가 먼저 그에게로 돌이키지 않는다면 우리로부터 돌아서실 것이다. 이 말씀은 그렇게 자주 읽어보던 말씀이 아니다. 불행히도 많은 '유명한' 기독교 서적에서도 읽어보지 못한 말씀이다. 즉 그것은 비난받을 만한 말씀이기 때문이다.

나는 이것이 하나님이 자기 자녀를 위해 바라시는 것이 아니라는 것을 먼저 말하고 싶다. 그리고 만일 우리가 돌이키고 하나님과 마음을 일치한다면 하나님은 항상 우리에게 돌아오실 것이다. 그러나 거듭해서 하나님으로부터 멀어지고 하나님을 우선순위에 두지 않는 삶을 살고 습관이 될 정도로 "하나님은 잘못됐다"는 그릇된 신념을 반복함으로써 우리는 더 이상 옳고 그름을 분별할 수 없게 된다. 우리 영혼에 고착되고 무기력한 상처만 남아 더 넓고 깊은 하나님과의 단절을 만든다.

아마 죄와 죽음이 무엇인지 안다면 우리가 마음속에 따르려 하는 결정적으로 중요한 신념과 사고에 대해 가장 잘 이해할 수 있을 것이다. 성경에서 그것은 하나의 단서가 되는 주제이다. 성경은 여러 가지 방식으로 감정을 만들어내는 신념들이 있다고 말한다. 그리고 여러 가지 행동으로 악이나 선을 우리에게 자극하는 신념들이 있다고 말한다. 또한 성경은 그 최후 결과가 죽음 또는 생명이라고 말한다(예, 사 26:3; 애 3:21; 마 22:37; 막 14:72; 눅 12:29; 롬 1:28에 있다. 특히 롬 8:5, 7; 12:2 참고).

그리고 요즘 매우 놀라운 것은 현대 심리학과 성경이 이 주제에 대해 비슷한 목소리를 내고 있다는 것이다. 결론적으로 과학적 연구를 통해 밝혀진 것은 하나님이 성경에서 밝히 드러내 보이신 것이고 인지 심리학자들은 당신이 믿는 것과 당신이 어떻게 그것을 믿게 되었는지가 당신의 감정을 결정하고 당신의 행동을 결정한다는 것이다. 잘못된 믿음이나 그 믿음에 이름을 붙인 그릇된 신념들은 아무리 진실하다 할지라도 그릇된 행동을 낳는다. 그리고 그것들은 하나님이 계시해주신 것과 상반되기 때문에 불쾌한 감정과 속박을 불러 일으킨다.

당신은 우리를 위해 무엇이 선인지 알고 있는가? 우리가 하나님과 갈등할 때 즉 우리가 나쁜 일을 좋다고 부르고 그것을 좇을 때 우리는 개가 그 토하였던 것에 돌아가는 것과 같게 된다(벧후 2:22). 삶은 우리가 하나님과 선에 대해서 논쟁할 때 완전히 잘못되었다는 것을 종종 말해준다.

5. 선이 내가 생각했던 것과 다른 것인가?

나를 위한 선이 내가 전에 상상했던 것과 좀 다른 것이 가능한가? 또는 심지어 아주 다른 것이 가능한 일인가? 내 선택과 상관없이 고통을 주는 환경에 대해선 어떻게 생각하는가? 도덕적 결정의 문제와 모두 다르지는 않을지라도 그 문제는 여전히 남아 있다. 여기서 그것을 소개하고 다음 장에서 더 자세히 그것을 살펴보자.

기독교가 온전한 진리를 제공하기 때문에 심리적으로도 우리를 건강하게 만들 수 있다. 그것은 기독교가 놀라움으로 가득 차 있다는 것이고 나는 이것이 사실이라고 말할 수 있는 충분한 인생 경험이 있다. 선에 관한 문제 중에서 나는 기독교가 나의 가설을 입증할 수 있다고 생각한다. 그리고 그 가설을 예리하게 지적할 것이다. 내 경험을 제시하는 것은 내가 종종 주장하는 것보다 더 좋은 점이 있을 뿐만 아니라 내가 가지고 있는 영적, 감정적 문제들이 선에 대한 그릇된 신념이라는 것 또한 밝힐 수 있을 것이다.

나는 지금 당신이 다음과 같은 질문에 대해 생각해보기를 원한다. "선이라는 것이 때때로 우리가 소위 '나쁘다'고 말하는 바로 그 것 일 수 있는가?" 만약 그것이 충격적이거나 불쾌하게 들린다면 그것은 세상의 많은 '지혜'와 세상에 대한 의존에 얼마나 빠져있는가에 대한 지표가 될 것이다.

때때로 선이라는 것은 우리에게 상처를 주거나, 우리의 소중한 것을 빼앗아 가거나, 우리를 실망시킬 수도 있다. 예수님의 십자가의 죽음과 바울의 육체의 가시와 순교자들의 피흘림은 모두 사탄이 그들을 부추기는 데 열성을 다했다는 점에서 볼 때 나쁘게 보였다. 그러나 하나님은 그러한 악들을 어떻게 다루어야 하는지를 알고 계셨고 어느 누구도 상상하지 못했고, 누가 생각했던 것과는 아주 다른 놀라운 선으로 그것들을 바꾸는 방법을 알고 계셨다. 예수님의 죽음은 곧 예수님의 부활과 우리의 부활을 가져왔다. 바울의 가시는 자신을 의지하지 못하도록 하는 사역자가 되게 하였고 순교자의 피는 교회의 씨앗이 되었다.

이에 대해서 더 깊이 살펴보고자 하는가? 당신의 내적 어려움들이 선에 대한 잘못된 가정으로 인해 발생했다고 생각하는 것인가? 일이 잘 되어가거나, 문제들이 해결되거나, 온전한 상태에 이르거나, 또는 목적이 무엇이든지 간에 '형통'은 당신의 그릇된 신념을 내려놓는 데 달려있다. 다음 두 장에 걸쳐서 우리는 두 가지 근본적인 문제를 살펴보려고 하는데 그 문제는 당신 삶 속에서의 영적인 건강에 달려있다. 즉 하나는 "하나님은 나의 가는 길에 진정 선만을 허락하셨는가?"이고, 다른 하나는 "내 영혼 중심에 최고의 선이라고 생각하는 그릇된 우상으로 하나님을 대신하고 있는가?"이다.

여행

처음 가본 야영지
길고 평평한 바위
바로 그 오른쪽 해변에 카누가 있었고
거기서 우리는 앉아서 울었다.
지금 우리가 따라갈 수 없는
영원한 곳으로 가신 남편과 아버지가 기억났기 때문이다.
그리고 우리 친구 짐은 우리를 어떻게 위로할지 알지 못했기에
해변에서 낚시 줄을 던져
큰 물고기 한 마리를 잡았다.
그리고는 우리에게 오라고 소리쳤고
그는 육지로 낚시 줄을 가지고 돌아 왔다.
아무런 미끼도 없이, 어떤 노력도 없이
단지 잡힐 거라 생각하지 않고 낚시 줄을 던졌는데
바로 여기서 물고기가 잡히다니 참 이상했다.
그래서 우리는 울던 눈물을 그치고 함께 웃었다.
그리고 불을 피우고 아침식사를 위해 고기를 구웠다.
우리가 바벨론의 여러 강변,
거기에 앉아서 시온을 기억하며 울었다.
예수님은 그들에게 "와서 조반을 먹어라"라고 말했다.

6장
선에 대한 논쟁

체스터톤(G. K Chesterton)에 의하면 '선'(The good)이라는 단어에는 여러 가지 의미가 있다. 예를 들면, 한 남자가 자기 할머니를 450미터 거리에서 총을 쏘아 맞혔다면 나는 그를 총을 잘 쏘는 사수라고 불러야 할 것이다. 하지만 그는 선한 사람이 아니다. "선은 항상 정의하기가 쉽지 않다"라는 체스터톤의 말은 맞는 이야기이다. 아마도 당신을 포함한 대부분의 사람은 선이 무엇인지 아는 것은 쉽다고 생각하겠지만 올바른 삶을 사는 것은 어려운 부분이라고 생각해왔을 것이다. 하지만 주어진 상황 속에서 무엇이 선인지를 아는 것은 어려운 일이다. 장차 어떤 환경이 선으로 발전하고, 어떤 선택이 우리에게 좋은 것인지 아는 것은 당신이 생각한 것만큼 분명하지 않다.

선이 무엇인지에 대한 논쟁을 연구하는 것이 왜 그렇게 중요할까? 그 이유는 모든 상처 입은 감정의 핵심은 무엇이 선인가에 대한 잘못된 가정 아래 있기 때문이다. 그렇다. 우리가 하나님이 허용하시거나 주신 것과는 다른 것을 선이라고 말하는 것은 실제로 우리가 불행하게 될 수 있다는 의미다. 그리고 이미 살펴본 것처럼 우리는 아주 정확하게 죄의 틀에 자신을 맞추어 놓고 우리 자신에게 무엇이 최고의 선인지 안다고 말한다. 나는 어느 누구든 양손에 선이라는 놀랄 만한 진실을 붙잡기 전까지 내면의 상처가 치료되는 것을 본적이 없다. 당신은 건강해지길 원하는가? 당신은 완전해지길 원하는가? 당신은 건강한 마음을 가지길 원하는가? 그럼 우리가 시작하려고 하는 것에 시간을 할애하라.

1. 왜 우리는 하나님과 선에 대해 논쟁을 할까?

이러한 문제에 대한 갈등은 일반적인 선에 대한 혼동 때문이라고 나는 확신한다. 우리는 선이라는 단어를 많은 의미로 사용한다. 여기에 우리가 선이라고 말하는 다양한 것 중에 일부분을 나열해보았다.

> 기쁨, 깨끗함, 도덕적인 옳음, 죄 없음, 좋은 결과, 우호적인, 좋은 행동, 노력할 가치가 있는 일, 이로운, 긍정적인 상황, 즐거움, 유용한, 질 좋은, 적당한, 건강한, 진실한, 실용적인, 친절한, 소유물, 이익이 되는 효과, 유능한, 신뢰할 수 있는, 정확한, 평화로운 등.

따라서 내게 선한 것이라고 말을 할 때에는 아마도 내가 열거한 용어들 중 하나에 해당될 때에만 사실일 것이다.

그럼에도 불구하고 하나님께서는 어떤 목적에서 선하다고 해서 그것이 꼭 당신과 내게도 선하다고 할 수 없다는 것을 알고 계신다. 우리가 마음을 열었을 때 이러한 것들을 이해할 수 있을 것이다. 그리고 우리에게 선한 모든 것이 동시에 다른 이들에게도 선하다고는 할 수 없다.

요약해보면, 첫째, 하나님이 우리가 포기하도록 행하시는 일들은 선한 것이다. 우리가 우리 권리를 주장하고 어떠한 방식으로든 그것을 선택하려고 하면 그것은 죄악이다.

둘째, 하나님이 우리의 어리석음을 깨우쳐 주시기 위해 사탄에게 허용하시는 것도 또 다른 선이고, 이후에 하나님이 여전히 우리에게 더 나은 것들로 풍성히 채우신다. 그러나 정확한 하나님의 뜻(이유)은 숨겨져 있을 것이다. 하지만 우리가 고집을 부리고 불평을 하고 다툴 때 우리를 지으신 분과의 단절을 만드는 것이며, 이것은 문제를 악화시킨다.

가끔 진리를 잘 보지 못하게 만드는 것은 우리가 붙잡고 있는 것이 있어야 할 곳에 없기 때문이다. 만일 있어야 할 곳에 있기만 하다면 하나님이 만드신 창조물이 우리를 위한 훌륭한 선이 될 수 있다. 예를 들면, 유머를 좋아하고 동료 남성에게 친절한 어떤 여인에 대해서 이야기해보자. 일상에서는 그들의 우정은 괜찮은 관계이다. 하지만 어느 한쪽이 불륜이 될 수 있다고 믿기에 그들의 관계가 오해 받을 수 있다.

이처럼 우리 자신이 행복해지기 위해서는 좋은 소유물로 넘쳐야 한다고 말할 때 물질적인 풍요로움은 우리에게 악영향을 끼칠 것이다. 집, 자동차, 보트, 텔레비전, 컴퓨터, 은행에 있는 돈을 위해 자신의 영혼을 파는 사람은 선에 대한 왜곡된 생각을 하게 된다. 소유물이 우상이 되는 것이다. 당신에게 좋은 평판이 너무나 중요해서 그것 없이는 살 수 없을 것 같이 보이게 된다. 당신이 그릇된 신념을 가지고 있다면 모든 사람이 당신을 좋은 사람이라고 생각한다고 확신할 때까지 잠시도 평안하지 못할 것이다. 그렇기 때문에 평판은 위선이 된다. 삶이 무너지거나 우리의 우상 중 하나가 위협을 당할 때 우리는 "이건 잘못됐어", "이럴 순 없어", "하나님은 날 불행하게 만드셨어"라고 말한다. 그렇게 되면 우리는 감정적으로나 정신적으로 경직되고 하나님이 악을 선으로 바꾸려 하시는 것을 거부한다. 우리 감정이 좋지 않을 때 하나님이 일하시는 것을 거부하고 '하나님을 신뢰 할 수 없다'고 생각한다. 진리 앞에서 우리는 믿음을 저버리고 우상 숭배자가 된다.

2. 잠시 생각해보기

아마도 당신은 "하나님이 예정하신 일을 모두 선한 것이라고 받아들여야 합니까? 나에게 닥친 어려운 일들이 모두 선한 것입니까?"라고 물을 것이다. 나도 어려운 시기에 그러한 질문들과 싸워 왔다. 내 어머니는 세상을 떠나시기 전까지 큰 고통을 받으면서 7개월 동안 병석에 누워 계셨다. 기독교인으로서 나는 그것이 선한 일이라고 말해야 할까? 한 친구가 자기 입속에 총을 넣고 방아쇠를 당겨 자살을 했다. 그렇다면 그 친구들은 이 비극을 선한 일로 만들기 위해서 방법을 찾아야 할까? 11살 소년이 납치를 당하고 아동 성도착증인 사람에게 성폭행을 당했다. 그리고 이후에 소년의 시체는 끔찍하게 손상되어 발견되었다. 한 가정의 집이 불태워지고 훌륭한 종교 지도자가 위선자로 드러나고 비행기 사고로 243명의 생명을 잃게 되고 한 아이는 치료가 불가능한 상태로 뇌손상을 입은 채 태어나는 이러한 일들을 우리는 기독교인으로서 올바른 것이라고 또 그것들 자체는 선하다고 할 수 있을까?

우리가 화가 나고 고통을 느낀다면 잘못된 것인가? 우리는 우리 감정에 대해서 정직한 자가 되어서는 안 되는가? 나는 그렇게 생각하지 않는다. 불공평, 고통, 상실은 그 자신에게 선한 것이 아니다. 악은 악이다. 성경은 악은 사탄에게서 왔다고 말하고 있다. 일부 거짓 기독교인 지도자들과 단체들은 어떤 것이든 악이 아니라고 말하고 그러한 개념들은 자연종교와 동양철학의 발생 때문에 오늘날 많은 이들에게 쉽게 받아들여지도록 만들어졌다고 말한다. 도스토예프스키(Dostoyevsky)의 무고한 아이는 헛간에서 떨며 그녀가 하지 않은 일로 고통을 당했다. 우리는 이러한 일들이 불공평하고 그들의 행위가 악하다는 것을 알기 때문에 마음이 아프다. 하지만 그 대답은 선한 악이라 부르지도 않고 예수 그리스도와 성경을 드러내기 위한 희미한 하나님의 형상이라고도 하지 않는다.

방사선과 의사는 단지 방사능으로 질병을 치료하고 레이져 빔으로 수술을 한다. 하나님은 악이 발생하도록 놓아두시고 동시에 그

6장 | 선에 대한 논쟁 **131**

분의 선한 목적을 위해 안내 도구로 사용하신다(사 45:7). 우리는 하나님이 자신이 하시는 일을 알고 계시며 그분은 공평하시고 정의로우신 분이라고 고백해야 한다. 하나님은 죄악이 범람하는 가운데서 구원하시고 도와주시는 것에 무능하시지 않다(민 11:23;시 98:1).

진리는 세상이 한동안 사악한 자의 손아귀에 떨어졌다고 말한다. '우리에게는 위험한 일이 일어나지 않을 거야'라고 믿을 때 우리는 환상을 믿는 것이다. 우리 기도가 하나님이 역사하시도록 만들며, 그분은 항상 우리 기도를 듣고 계신다(약 5:16)는 것은 사실이다. 그러나 하나님은 우리가 요구한 대로 항상 행하시는 것은 아니다. 그분의 방식은 우리의 방법을 뛰어넘기 때문이다(사 55:8,9). 우리 방법대로 고집한다면 우리는 점차 눈이 멀게 될 것이다. 어둠 속에 빛이 있다고 상상할 때 하나님의 진리의 빛은 희미해질 것이다.

선이 무엇인지 알게 되었을 때 당신과 나는 도움이 필요하다. 우리 자신이 아닌 문제에만 집중했으면 좋겠다. 여기에 당신이 혼란스러워 할 몇 가지 질문들이 있다.

상황에 초점을 맞춘 것은 아니지만 모든 질문은 선에 관한 것이며 선에 관한 문제에서 우리 선택과 행동에 대해 말할 것이다. 모든 질문은 선이 무엇이냐에 대한 것이다.

- 내가 기독교인이 되기 위해 교회에 가야만 하는가?
- 술을 마시는 것은 잘못된 것인가?
- 미래를 위해 신중하게 계획하고 수년 동안 저축을 한다면 이것은 내가 하나님을 충분히 신뢰하지 않는다는 의미인가? 내가

잘못하고 있는 것인가?
- 나에게 친절하지 않은 사람에게도 나는 친절해야 하는가?
- 인류 종말과 지구의 파괴를 야기하는 핵폭탄을 만드는 것은 올바른가?
- 내가 컴퓨터 프로그래머 또는 간호사가 되는 것이 맞는지 의구심이 들 때 어느 것이 올바른 방향일까?
- 휴가를 위해 돈을 쓰기보다는 아이들의 대학 진학을 위해 돈을 저축해야 하는가?
- 때때로 당신의 기분에 따라 행동하는 것이 올바른 것인가?
- 여성은 자신의 몸에 대해 절대적인 통제권을 가지고 있으며, 낙태를 할지 말지 결정할 권리가 있는가?
- 기독교인과 비기독교인이 함께 회사를 운영할 때 당신은 항상 기독교인 편에 서야 하는가?
- 최근에 목회자에게 좋은 감정을 갖게 되었고 그도 나를 좋아하는 것처럼 느껴진다. 이것은 잘못된 감정인가?

각각의 질문들은 무엇이 선이고 무엇이 악인지에 관하여 사람들의 불신 또는 믿음을 나타내 준다. 이러한 딜레마 중 몇몇은 옳고 그름, 선과 악 사이에 분명한 경계가 있다. 나머지는 '때와 장소에 따라'라는 범주 안에 있다. 그러나 누군가 이 문제에 대해서 분별력을 가지고 결정을 해야 한다. 요점은 누구의 분별력을 적용할 것인가이다. 하나님 없이 우리는 위험스러운 결정을 할 수도 있고 선을 놓치고 큰 어려움에 빠질 수도 있다.

3. 나 자신에게 말해야 하는 진리는 무엇인가?

어떤 의미에서 체스터톤의 말은 맞다. 하나님께서는 우리가 딱히 뭐라고 말할 수 없는 특성이 있다. 하지만 우리가 처한 상황에서 하나님을 등지고 우리 방식대로 하려고 할 때만이 그렇다. 삶에 대한 여러 가지 접근 방법이 있는데 우리 문화는 '나 먼저, 오직 나만, 나 중심주의'의 생각을 우리에게 가득 채우기 때문에 우리가 그것을 깨닫는 데 많은 어려움이 있다.

훌륭한 기독교 교사인 오스왈드 챔버스(Oswald Chambers)는 『전능자의 그림자』(Shade of His Hand)라는 그의 책에서 서구인들은 사람을 먼저 생각하고 하나님을 이해하고 판단하려 노력했으나 히브리 사람들은 하나님에 대한 근본적인 진리에 대해 먼저 생각하고 그 진리를 인간과 그의 잘못된 방식에 적용했다고 말했다. 이것은 우리 생각과 다른 방식이다. 그리고 이러한 다른(정반대의) 생각이 바로 우리에게 많은 문제를 일으키는 원인이 된다. 즉 우리는 하나님의 말씀이 무엇인지에 상관없이 우리 생각과 인식이 옳다고 믿는다.

한 번은 화가 난 한 내담자가 내게 "하지만 선생님, 나의 불신은 엄연한 진리입니다"라고 말했다. 또한 그녀는 "당신이 하나님과 의견 충돌이 있을 때 당신 주장에서 잘못된 점을 찾지 못한다면 어떻게 하시겠어요? 그리고 당신 자신에게 말하는 것이 거짓인지 진리인지 확신하지 못한다면 어떻게 하시겠어요?"와 같은 질문으로 많은 사람이 겪고 있는 문제에 대해서 이야기하였다. 그때 나는 그에게 당신이 그러한 논쟁에 이르렀을 때 가장 기본적인 진리로 돌아가라고 충고했다.

상황과 감정에 상관없이 당신은 악하고 옳지 못한 선택과 행동을 일으키는 현재의 불신 대신에 당신 마음 중심에 무엇을 확고히 심어주어야 할까?

여기에 당신 마음속에 확실히 해야 하는 기본적인 진리의 반석이 있다. 이것은 불평, 죄악, 옳지 못한 행동을 불러 일으키는 하나님에 대한 그릇된 신념을 대신해 줄 것이다.

하나님은 선하시다. 당신은 종종 하나님은 선하시다는 것에 반문하고 의심하는가? 당신은 하나님이 말씀하신 것과 상관없이 하나님은 약속을 지키지 않으시고 어기시는 분이고, 당신을 사랑하지 않으시고 괴롭히고 힘들게 하시고, 고통 주는 것을 즐기시는 분이며, 당신에게 대항하시는 분이라고 믿을 때 당신은 정말로 하나님은 선하시지 않다고 자신에게 말하는 것이다. 이러한 그릇된 신념에 대해 살펴보자.

> 사랑, 선, 정의의 하나님은 결코 세상에 끔찍한 일을 일으키지 않아.
>
> 하나님이 정말 선하시다면 그는 내가 하고 싶어 하는 것들을 막지 않으실 거야.
>
> 하나님이 살아계신다면 그는 잔인한 일을 꾸미시는 분이야.
>
> 하나님은 단지 수단일 뿐이야.
>
> 하나님은 말씀으로 약속하신 것을 이행하시지 않는 분이야.

여기 이러한 생각과 싸울 수 있는 당신이 활용할 진리가 있다.

> 하나님은 빛이시라 그에게는 어두움이 조금도 없으시니라(요일 5:1).

하나님의 선은 그가 만드신 모든 것을 통해 빛난다. 당신은 온 우주에 하나님이 창조하신 아름다움, 질서, 조화, 균형을 볼 수 있을 것이다(시 19편). 모든 생물의 일상의 필요에 따른 하나님의 세심한 예비를 볼 수 있을 것이다(시 145:15). 당신의 모든 것이 예수 그리스도 안에 있으며, 하나님은 전적으로 그의 나라를 위해 이 땅에 오셨다는 것을 알 수 있을 것이다. 그러한 자기 희생은 오직 순결한 선이며 전적인 사랑이다. 당신이 십자가를 볼 수 없다면 "하나님은 사랑이시다"라고 생각하지 못할 것이다. 그러나 당신이 십자가를 보게 되면, 아무리 무섭게 보이고 하나님의 의도를 이해하지 못할지라도 십자가만 눈에 들어올 것이다.

하나님이 선이시라는 것이 진리이고 당신이 발견한 어떤 악도 하나님이 의도하시거나 행하신 것이 아니며 하나님은 당신을 향한 선한 뜻을 가지고 계신다. 그분은 당신을 사랑하신다.

> 선과 의는 곧 하나님이다. 그러므로 하나님은 죄인을 그분 방식으로 교훈하신다. 하나님은 겸손으로 이끄시고 그분의 방식으로 훈계하신다. 하나님의 약속을 지키는 자에게 주님은 사랑과 희생으로 보답하신다.

당신의 대화 속에서 고통을 만들어 내는 그릇된 신념에 대한 지지를 멈추고 그것을 쫓아내야 한다. 하나님은 관여치 않으시고 사랑하지 않으시고 악하시며 당신을 사랑하실 리 없다는 생각을 진리로 대체해야 한다. 나쁜 일의 발생이 하나님이 악하시다는 것을 의미하지 않는다.

"하나님은 선하시다. 하나님은 나를 사랑하신다. 그리고 모든 일이 나를 위한 것이다. 하나님은 나를 멀리하지 않으신다. 그렇기 때문에 나는 하나님을 떠나지 않을 것이다"라고 자신에게 진리를 말해야 한다.

하나님은 최선의 것을 알고 계신다. 당신은 당신에게 선한 것이 무엇인지 하나님보다 더 잘 알고 있다고 자신에게 말하고 있는가? 아마 당신은 당신의 육체를 가지고 직접 살고 있기 때문에 하나님보다 더 잘 안다고 생각하고 하나님은 인생의 큰 그림에 대해서만 알고 계시고 당신의 감정과 당신이 절실히 필요로 하는 것에 대해서 모르신다고 생각할지도 모른다. 하나님의 명령은 당신에게 적용될 수 없다고 생각할 것이다. 왜냐하면 그분은 당신이 목표로 하는 것에 함께하지 않으시거나 당신의 삶이 어디로 향하고 있는지 정확히 알고 있지 못하시기 때문이다. 따라서 그분의 법이 '선한 원리'일지라도 당신에게 적용되지 않는다고 생각한다. 또는 아마도 당신은 하나님이 너무 멀리 계시거나 너무 큰 문제에만 골몰하시기 때문에 당신의 존재를 모르신다고 생각할 것이다.

당신은 아래와 같은 생각들이 마음속에 가득 차 있는가?

> 하나님의 명령은 일반적으로 선하시다. 하지만 그분이 그 명령을 행하시는 지금 이 순간, 이 상황에서는 나에게 최선이 무엇인지 모르고 계신다.

> 나는 하나님이 잃어버리신 것들 중 하나이고 그분이 나를 모르시기 때문에 그분의 마음속에 내가 없는 것처럼 느낀다. 결국 나는 하찮은 존재이다.
>
> 하나님은 인간을 위한 최선이 무엇인지 알고 계실 것이다. 하지만 나에겐 다르다. 하나님이 내가 행하는 것들을 최선이라고 전적으로 인정하신다고 나는 생각하지 않는다. 만약 하나님이 이것이 나에게 얼마나 중요한 것인지 이해하셨다면 그분은 내가 그렇게 하도록 하셨을 것이다.
>
> 나는 하나님이 행하고 계신 일을 제대로 알고 계시는지 의심스럽다. 그분이 실수하신 것처럼 보인다.

하나님이 당신의 필요를 모르시거나 혹은 당신의 존재 자체를 모르시거나 아니면 스스로 무슨 일을 하시는지도 모르신다고 생각함으로써 당신은 스스로 큰 도움을 내팽개치는 것이다. 만약 지구를 운행하시는 하나님이 상냥하시지만 기운은 없는 노인이시라면 당신은 불안과 위험과 무방비에 대해 어떻게 느끼게 될까? 만약 당신이 믿는 신이 현재 현명해지고 있는 과정에 있고 아직 무한함에 도달하지 못한 한계가 있는 신이라면 어떻게 할 것인가? 이러한 것을 믿는 것은 당신을 공허하게 만들며 항상 예민하게 만든다.

하나님은 당신을 세심하게 알고 계시며, 당신이 필요한 것에 대해 잘 알고 계신다(마 10:29-31). 그분은 당신이 태어나기 전부터 모든 생명을 알고 계시고 당신이 생각하기 이전에 벌써 당신의 모든 생각을 알고 계시고 당신이 바라기 이전에 벌써 당신의 모든 소망을 알고 계시며, 당신이 필요로 하기 이전에 벌써 당신의 모든 필요를 알고 계신다. 하나님은 당신이 의식하고 있는 생각뿐만 아니라 심지어 당신의 마음 깊숙한 곳에 자리 잡아 의식하지 못하고 있는 생각에 대해서도 알고 계신다. 하나님은 당신이 태어날 때부터 당신의 특별한 과거와 미래에 관한 모든 역사에 대해 알고 계신다. 그분은 당신의 미래, 당신의 죽음과 영원한 미래까지도 알고 계신다. 그러므로 그분은 당신에게 선한 것이 무엇인지 알고 계신다. 그분은 당신에게 일어날 고통과 악을 어떻게 사용하는 것이 최선인지 알고 계시며 당신에게 주시고 허락하실 최선의 것들에 대해서도 알고 계신다. 그분은 당신이 선택해야 할 것들에 대해 무엇이 최선인지 알고 계신다. 당신 자신에게 하나님이 알고 계신다는 진리에 대해 이야기하라.

시편 147:4은 하나님은 별들의 숫자를 결정하시고 각각 그 이름을 부르실 정도로 위대하시다고 말하고 있다. 당신의 그릇된 신념에 도전하고 그것들을 아래와 같은 진리로 바꾸어라.

> 여호와여 주께서 나를 감찰하시고 아셨나이다. 주께서 나의 앉고 일어섬을 아시며 멀리서도 나의 생각을 통촉하시오며 나의 길과 눕는 것을 감찰하시며 나의 모든 행위를 익히 아시오니 여호와는 내 혀의 말을 알지 못하시는 것이 하나도 없으시니이다. 내가 은밀한 데서 지음을 받고 땅의 깊은 곳에서 기이하게 지음을 받은 때에 나의 형체가 주의 앞에 숨기우지 못하였나이다. 내 형질이 이루기 전에 주의 눈이 보셨으며 나를 위하여 정한 날이 하나도 되기 전에 주의 책에 다 기록이 되었나이다(시 139:1-4, 15-16).

하나님은 위대하시며 도움을 주실 수 있는 분이다. 당신은 하나님이 놀라고 당황해서 무기력해지시고 통제력을 잃으셨기 때문에 선한 사람에게 좋지 못한 일이 일어났다고 하며 하나님을 향한 신뢰를 놓아버린 적이 있는가? 그러한 심리적 경향은 다음과 같은 그릇된 신념에서 일어난다.

하나님은 이같은 상황을 만드실리 없어. 사탄이 한 짓일 거야.

인간의 자유의지는 하나님이 보실 때 너무 많아. 그래서 그분은 사람들이 잘못된 선택을 했을 때 아무것도 할 수 없어!

하나님도 강하지만 때때로 악이 더 강해!

나는 선이 악에게 지는 것처럼 느껴져!

그러한 생각과 철학은 하나님의 힘을 약화시키고 심각한 손상을 입힌다. 그러한 생각은 하나님이 운행하시는 세계에서 어떻게 악이 발생했는지에 대한 문제를 풀어주는 것처럼 보일 것이다. 또한 우리 자신을 의지하게 함으로써 상황을 더욱 어렵게 만들 것이다.

하나님은 전능하시다. 어떤 것도 그분을 어렵게 할 수 없다. 어떤 이유로 인해 나쁜 일이 일어나든 간에 하나님은 그러한 일이 일어나는 것을 막을 수 있다는 것이 진리이다. 하나님은 그분의 능력으로 어떤 것이든지 할 수 있다. 하나님은 아무 일도 하지 않으시고 가만히 계시지 않는다. 하나님은 "이 일에 대해 나는 아무것도 할 수 없어"라고 말씀하시면서 무시해버리시지 않는다.

하나님이 특별히 악한 일이 발생하는 것을 막지 않으신 것에 대해 우리는 이유를 알 수 없을지도 모른다. 하나님이 우리가 잘못된 선택을 하는 것을 막지 않으신 것에 대해서도 이유를 잘 알 수 없다. 하지만 하나님이 막지 못하실 정도로 강력한 악은 없고 하나님이 막지 못하실 큰 재앙은 없다. 그분이 완전히 선하시다는 것을 우리는 알고 있다. 하나님은 악의 문제를 해결하시고 그분의 나라에서 악을 제거하시기 위해 악한 자들이 자기 아들을 잡아서 십자가에 못 박고 죽임을 당하게 하는 것을 허락하셨다. 그리고 우리가 진리를 붙잡고 있다면, 당신과 나는 확실한 답을 얻는 경험을 할 것이다(고전 1:21-23).

그분이 주관하는 세상에서 잘못된 모든 것을 바로 잡을 수 있는 하나님의 능력을 의심하는 생각을 버려라. 그분의 능력에 대한 의심 대신에 다음과 같은 진리로 바꾸어라.

> 예수님께서 말씀하시길 하늘과 땅의 모든 권세를 내게 주셨으니 (마 28:18).

> 우리가 알거니와 하나님을 사랑하는 자 곧 그 뜻대로 부르심을 입은 자들에게는 모든 것이 합력하여 선을 이루느니라. 그런즉 이 일에 대하여 우리가 무슨 말 하리오. 만일 하나님이 우리를 위하시면 누가 우리를 대적하리오(롬 8:28, 31).

> 주께서는 못 하실 일이 없사오며 무슨 계획이든지 못 이루실 것이 없는 줄 아오니(욥 42:2).

> 그 후에는 마지막이니 그가 모든 통치와 모든 권세와 능력을 멸하시고 나라를 아버지 하나님께 바칠 때라. 그가 모든 원수를 그 발 아래

둘 때까지 반드시 왕 노릇 하시리니 맨 나중에 멸망 받을 원수는 사망이니라. 만물을 그의 발 아래 두셨다 하셨으니 만물을 아래에 둔다 말씀하실 때에 만물을 그의 아래에 두신 이가 그 중에 들지 아니한 것이 분명하도다. 만물을 그에게 복종하게 하실 때에는 아들 자신도 그때에 만물을 자기에게 복종하게 하신 이에게 복종하게 되리니 이는 하나님이 만유의 주로서 만유 안에 계시려 하심이라(고전 15:24-28).

4. 나에게 발생한 뜻밖의 일에 대해서 그 이유를 꼭 알아야만 하는가?

한 젊은 청년이 자기 눈에 악성 종양이 있다는 이야기를 의사한테서 들은 후 내게 찾아왔다. 23살의 청년에게는 끔찍한 충격이었다. 그 청년이 나에게 물었다.

"이것만 말해주세요, 선생님. 왜 하나님은 나에게 이러한 일이 일어나도록 하신 것입니까?"

그릇된 신념에 대한 논의 차원에서 우리가 '알 권리'에 대해서 자신에게 무엇이라 말하는지 살펴보자. 다음을 읽고, 당신의 태도일지도 모르는 것에 대해 주의 깊게 생각할 시간을 가져 보라.

> 하나님은 나에게 이유를 말할 의무가 있다.
>
> 만약 내가 그들이 행한 이유를 모른다면, 하나님은 이 세상 시민으로서의 나의 권리를 무시하시는 것이다.

하나님이 그 이유를 말씀해주시지 않는다면 그것은 하나님이 나를 멀리하신다는 의미이다.

내가 하나님의 계획을 알고 인정하는 경우에만 하나님이 일을 행할 수 있으시다.

나는 이런 일이 일어난 이유에 대해서는 모르지만, 결국 나는 하나님을 섬겨왔다. 나는 신실한 기독교인이며, 거듭났고, 성령충만하며, 세례를 받았고, 규칙적으로 기도하며, 성경을 탐독했다. 하지만 결국 내가 겪은 안 좋은 일을 통해 흔들렸다. 그 이유는 무엇인가?

하나님은 이런 일을 나를 위해 행하신 것인가? 만약 그렇지 않다면, 그분은 나를 선택하셔서 그분의 공의를 보여주시기 위해 말도 안 되는 방법을 행하신 것이다. 왜 하필이면 나인가?

당신은 우리가 그 이유에 대해 알고자 할 때 우리가 행한 것이 무엇인지 알고 있는가? 우리는 하나님의 자리를 침범하였다. 하지만 하나님은 위원회나 투표로 대표하는 민주주의로 그분의 나라에 대해 말씀하시지 않았다. 그분의 나라는 천국과 능력 그리고 영광이다. 그분은 자비로운 왕이시다.

사람들은 자신이 믿는 이유를 알기 원하고 마치 자신이 그 이유에 대해서 알고 있는 것처럼 행동하길 원한다. 또 죽어야 할 운명인 우리가 상황을 더 나은 방향으로 변화시킬 수 있다고 믿기 때문에 심리학을 시작하는 사람들이 많이 있는데 이것은 나에게 흥미로운 일이다. 자기 인식은 그 대답이라 할 수 없다. 하나님의 지혜를 우리가 소유하기를 요구하는 것도 아니다. 심지어 우리가 그것을 가지고 있다고 하더라도 여전히 큰 문제가 남아 있다. 당신과 나는 영원하지도 않고 애정이 있지도 않으며 우리가 찾는 하나님과 같이 신성하지도 않다.

우리가 이성이 있는 창조물임에도 불구하고 이유를 아는 것이 최고의 선은 아니다. 때때로 하나님은 성령으로 우리 마음속에 말씀하시며 답을 주신다. 때로는 이유를 주지도 않으시며 우리가 아무리 시도해도 이유를 찾을 수 없을 때도 있다. 그럴 때 우리 마음속에 받아들여야 하는 진리는 우리가 그 이유를 알 필요가 없다는 것이다. 그분은 당신을 이해시키시는 것 없이도 최악에서 최고의 선을 이루실 수 있다. 비록 하나님이 당신에게 고통을 주신 이유를 이해하기 어렵더라도 그분의 말씀은 여전히 옳으며 진리이다.

진리란 당신과 내가 그 이유를 알 필요가 없다는 것이다. 우리가 어떤 일에 대처하기 위해 배울 필요가 없다는 것이다. 필요한 것은 진리이다. 당신 자신에게 이와 같은 진리를 말하라.

> 주와 같이 내가 하나님의 뜻을 행하러 왔나이다(히 10:9).

> 나는 하나님이 허용하시는 모든 일을 받아들일 것이며 내가 그 목적을 분명히 알든 모르든 하나님의 명령을 따를 것이다. 분명히 나는 모든 이유에 대해 알 수 없지만 성경에서 말한 바와 같이 나는 제자로서 모든 고통을 견뎌 낼 것이다. 하나님은 나를 그분의 자녀처럼 대하신다.

> 징계는 다 받는 것이거늘 너희에게 없으면 사생자요 참 아들이 아니니라(히 12:8).

그리고 위법은 나를 위한 것이 아니다. 그러므로 환경이 나를 힘들게 하고 주님이 그 이유를 내게 말씀하지 않으실지라도 나는 주님의 진리를 따라 걸어갈 것이다. 지금 나를 힘들게 하는 것이 무엇인지 안다.

무릇 징계가 당시에는 즐거워 보이지 않고 슬퍼 보이나 후에 그로 말미암아 연달한 자에게는 의의 평강한 열매를 맺나니(히 12:11).

이제 나의 고난은 이유를 아는 것과는 관계가 없다.

진리를 말하는 것은 하나님의 계시에 대적하는 모든 거짓의 공격에 맞서는 것이다. 그것은 평생 신실함이 요구되지만, 평화와 기쁨의 첫 결실을 낼 수 있다.

하나님에 대한 불신의 싹을 자르기 위해 하나님께 기도하고 간구하는 것이 어떻겠는가?

노란 수련

작고 귀여운 왕실을 공개하기 위해 꽃봉오리가 활짝 열리고
금 보좌 주변 바로 그 중앙에
빛나는 노란색부터 깊고 깊은 붉은색까지 드리워졌다.
"모든 만물을 창조하시되
당신의 뜻대로 창조하시고 존재하게 하셨기에
영광과 존귀와 능력을 받기에 합당하신 당신은
우리 주, 우리 하나님이십니다"
라고 노래하며,
그들은 보좌 앞에 왕관을 놓는다.

7장
우리에게 가장 두려운 일

어떤 부부가 아이를 처참하게 잃어 깊은 슬픔 속에 빠져 있는데도 여전히 그 부부가 강한 믿음으로 요동하지 않는다면 어떨까? 반대로 어느 부부는 아이를 처참하게 잃어서 그들의 삶을 비탄과 아픔으로 허비하고 있다면 어떻게 하겠는가? 누군가 알 수 없는 일에 대한 답을 요구하는 것에 집착하게 된다면 어떻게 할까?

우리는 또한 도덕적인 문제로 질문 받을 수 있다. 어떤 사람이 일 년 동안의 세금을 신고하려고 할 때 수입을 속이면 어떻게 하겠는가? 그리고 어떤 이는 온갖 종류의 가짜 전표를 이용하여 비용 청구를 하면서 "정부도 불법을 저지르는데 내가 왜 정직해야 하지?"라고 말하면 어떻게 하겠는가?

"왜?"라는 질문은 우리가 할 수 있는 가장 솔직하면서도 중요한 질문 중 하나이다. 가장 어려운 문제는 당신과 내가 분명한 이유나 대답 없이 그냥 넘어갈 수 있는 선을 긋는 것이다. 그리고 이것은 아주 중요하다.

마지막 장에서 우리는 "왜?"에 대해 아는 것이 왜 정말 최고의 선이 아닌지를 살펴볼 것이다. 그러나 왜라고 묻는 것은 중요하다. 이것은 우리가 최고의 선을 선택하는 것이 무엇인지 우리에게 보여주기 때문이다. 왜라고 질문하는 것은 단순히 믿음의 정도나 믿음의 부족을 말하는 것이 아니라 실제로 믿음이 투영되는 그 사람이나 일에 대해서 우리에게 보여주는 것이다. 이러한 정보가 어떤 식으로든 우리에게 제시되지 않는다면 "왜?"라고 묻는 것은 우리에게 고통만 남길 뿐이다.

관련된 실제적인 사례를 통해서 내가 무엇을 말하려고 하는지 구체적으로 살펴보자.

1. 테레사(Theresa)

테레사는 사랑의 관계가 무너져 아주 낙심이 되어서 우리 상담소를 찾아왔다. 첫 방문에서 그녀는 다음과 같이 말했다.

"왜 나는 항상 결국에는 나를 쓰레기 취급하는 놈들과 교제를 하는지 이유를 알고 싶습니다."

그녀는 최근 남자친구인 크리스(Kris)의 우유부단함과 아무 생각이 없는 것에 대해서 말했고 그와의 결혼을 거절하게 된 이유에 대해 설명했다. 그리고 남자친구가 자기에게 모욕을 준 사실에 대해서도 설명했다.

그리고 그녀는 이렇게 말했다.

"쓰레기차에 파리가 꼬이는 것과 같이 내게도 항상 그런 것 같아요. 인간쓰레기차, 그게 저에요."

물론 나는 그녀가 왜 자신을 쓰레기 더미에 비교하는지 그 이유를 알고 싶었다. 다시 말해, 왜 그녀는 오로지 비뚤어지고 보잘것없는 폭력적인 남성에게만 끌린다고 생각하는지를 알고 싶었다. 몇 회기를 거듭하면서, 이렇게 확신하는 근원은 그녀가 처음 아버지와 이성애적으로 관계를 형성했던 상황 속에 있음을 알게 되었다.

"나는 아주 어렸을 때 있었던 일이 기억났어요. 그 일은 내가 한 네 살 때 일어났어요." 8회기가 시작될 때에 그녀는 말했다. 그때 그녀는 부드러운 갈색 눈의 사랑스러운 여성이었다.

테레사는 그때의 사건을 설명했다. 약 20여 년 전 어느 특별한 부활절 아침에 그녀는 부활절 예배에 참석하기 위해 새 옷을 입고 기쁨으로 흥분해 있었다. 주름장식이 많은 드레스에 모자와 지갑과 귀여운 흰 장갑으로 잘 차려입고서 그녀는 전신이 보이는 거울 앞에서 한 바퀴를 돌아본 후 아빠에게 보이기 위해 달려갔다.

"나는 아빠에게 매우 귀엽고 예쁘다는 소리를 듣고 싶었어요. 그러나 아빠는 좀처럼 나를 보지 않으셨고, 아빠가 내게 하신 말씀은 '주일학교에 늦을지 모르니 서둘러라'라는 말씀이었어요. 그러자 눈물이 내 뺨 아래로 줄줄 흘렀어요"라고 그녀는 말했다.

그녀는 아버지와 관련한 생각들을 떠올리려 노력했을 때 다른 많은 사건들이 생각났다. 다른 보통의 아버지는 본능적으로 자신의 딸에게 매력적이고, 이쁘고, 여성적이고, 중요한 존재라는 등 수없이 많은 여러 가지 방법으로 애정을 표현한다. 그러나 테레사의 아버지는 그렇지 않았다. 그녀의 노력에도 불구하고 테레사의 아버지는 적어도 그녀가 보기에는 차갑고 일정한 거리를 유지했다.

"아무런 효과도 없었어요. 한번은 내가 아버지가 보고 있는 신문을 아래로 내리고 그 위로 힐끗 쳐다보았는데도 아버지는 쓴웃음조차 보이지 않았어요. 아버지는 내게 '가서 놀아라'라고 말씀하셨어요. 결국 나는 모든 노력을 포기했죠"라고 그녀는 말했다.

테레사는 이러한 외면의 결과로 그릇된 신념이 형성되었다. 즉 그녀는 "내가 뭔가 잘못한 거야. 내가 그것에 대해 할 수 있는 것이 아무것도 없어. 나는 아버지에게 관심을 받을 만한 것을 가지고 있지 않거나 아무런 가치도 없는 인간이야"라고 생각했다.

결과적으로 그녀는 그 후 자신을 실패한 사람으로 생각했다. 테레사는 보통 그녀에게 호감을 느끼거나 좋게 평가하는 지적이고 매력적인 남자에게는 쌀쌀맞게 대했다. 그녀가 편안하게 느끼는 유형의 남자는 자기중심적이고, 실패자이고, 성격이 예민하며 거친 성격을 갖고 있었다. 그녀가 이렇게 특이한 성격을 가진 남자에게 호감을 갖는 이유는 무엇일까? 그녀는 정말 가치 있는 남자는 자기를 가치 없게 여기고 잠시 만난 후 쓰레기처럼 버릴 것이라고 믿었기 때문이다.

대화가 진행됨에 따라 테레사는 자기가 두 가지 그릇된 생각을 가지고 있다는 것을 알게 되었다. 그녀는 이러한 그릇된 신념들이 전혀 알 수 없는 문제나 치명적인 골칫거리가 아니라 단순히 그녀의 문제라는 것을 깨달았다. 잘못된 생각이 그녀로 하여금 잘못된 선택을 하게 한 것이다.

첫째, 그녀는 "아버지가 나를 위해 시간을 할애하지 않았기에 나는 가치가 없는 사람이야"라고 자기 스스로에게 말하고 있었다.

둘째, 비록 기독교인임에도 불구하고 테레사는 하나님이 자기를 사랑하신다는 것을 결코 믿을 수 없었다. 그녀는 자신이 하나님의 사랑을 받을 만한 자격을 충분히 가지고 있지 않다는 생각으로 힘들어 했다. 그녀에게 있어, 이러한 끔직한 인간관계가 하나님이 그녀를 축복하거나 돕는 데 관심이 없으시다고 생각하는 '근거'가 되었다. 그녀는 "나는 하나님이 나를 미워하신다고 생각하곤 했어요. 그렇지 않으면, 하나님이 내 인생을 이렇게 비참하게 만드시진 않았을 거예요. 하나님이 내게 그렇게 못되게 하셨기에 내가 항상 그분께 반항한다고 생각했어요"라고 말했다.

그래서 그녀는 유일하고도 진실하며, 신뢰할 수 있는 가치가 있고 사랑이 풍성한 수용의 원천인 하나님과의 사이에 단절이 있었다. 그리고 그녀는 자기 입장에서 그녀가 최고의 선이라고 생각했던 것을 고수해왔다. 남자들이 그녀가 하나님께 헌신하는 데 방해물이 되었다고 말하는 것은 아주 정확한 말이 아니다.

그녀의 감정적 에너지는 누군가 친근한 벗을 향해 움직였다. 그녀의 제단 위에 올려져 있는 제물(대상)은 바로 자아(self)였다. 그 기저에 테레사의 자기 대화가 있었다. 즉 가치 있는 남자로부터 관심을 받는 것이 최고의 선이라는 것이다. 다시 말해, 그녀는 그릇된 신념을 수용하여 우상을 만들었던 것이다.

반대로 남자에 의한 거절, 특히 '보통 이하'(bottom of barrel)라고 생각되는 남자에 의한 거절은 그녀에게 일어날 수 있는 가장 두려운 일이었다. 처음부터 그녀는 하나님과의 단절이 있었다. 그리고 그녀는 "확실히 하나님은 나를 사랑하신다고 말씀하셨지만, 그분은 내가 생각하는 내게 필요로 하는 사랑을 찾지 못하게 하신 것으로 봐선 그 말씀이 사실일 수 없다"라는 그릇된 신념으로 그것을 더욱 견고히 지켜왔다.

2. 무엇이 당신에게 그렇게 생각하게 하였는가?

대부분의 사람들에게 있어서 하나님께 대한 공공연한 반항은 생각할 수 없는 일이다. 사람들은 하나님이 너무나 무서우신 분이기에 감히 그분께 주먹을 휘두를 수 없다. 일부 사람들은 자신들이 하나님과 싸우고 있다는 사실조차 알지 못한다. 그러나 그들은 어려운 상황으로 인해 초기 발달 과정에서 그릇된 선이 고착된 것이다. 이것이 어떻게 가능할까?

아주 초기에 나는 '그릇된 신념'이라는 단어에 대한 정의를 내렸고, 이 글 전반에 걸쳐서 그 단어를 사용하고 있다. 지금은 이것이 신학적 기원과 의미를 더 깊이 관찰하는 데 아주 중요한 것이 되었다.

나는 마틴 루터(Martin Luther)의 글에서 그릇된 신념이라는 단어를 발견했고 그곳에서 이 단어는 악과 세상과 죄악된 본성에 의해 일어나는 '잘못된 생각'으로 표현 되었다. 루터는 이것을 '절망'(나쁜 감정)과 '악'(나쁜 행동)을 일으키는 데 근본적인 역할을 하는 사건이나 의미에 대한 인간의 잘못된 해석이라고 말했다.

인지심리치료사들에 의한 최근 연구는 루터의 생각과 일치한다. 우리의 나쁜 감정은 위로부터 우리를 한없이 추락시킬 뿐만 아니라 우리의 바람직하지 못한 선택과 행동을 유발한다. 그것이 바로 우리 안에서 우리 자신에게 말하는 감정과 행동을 일으키는 자기 대화이다.

만일 당신이 잠시 멈추고 당신 생각에 관심을 기울인다면 당신은 일상에서 일어나는 사건을 스스로 평가하고, 회상하고, 선전하며, 해석하는 자신을 발견하게 될 것이다.

요약해보면, 우리는 항상 삶 속에서 일어나는 사건에 대해서 생각하고 느끼는 것을 우리 자신에게 말한다. 우리는 사건 자체에 직접적으로 반응하는 것이 아니라 그러한 사건에 대해 우리가 생각하는 것에 따라 반응한다.

여기에 그릇된 신념이 내재해 있는 것이다. 우리는 모두 현실에 대한 일부 그릇된 신념을 가지고 있다("아버지가 나를 사랑하지 않는다면, 그것은 하나님을 포함한 다른 어떤 남성도 나를 가치 있게 보지 않는다는 것을 의미한다").

또한 삶의 경험들이 잘못된 자기 대화를 낳기도 한다("이 남자가 나에게 무례하게 대한다는 것은 내가 사랑스럽지 못하다는 것을 증명하는 것이다"). 그 결과는 나쁜 감정(우울, 외로움, 고통)이다.

그리고 상처와 상실은 분노를 유발한다("나는 그럴 만한 자격이 없어"). 그리고 특히 하나님께 분노한다("하나님은 기꺼이 도우시고, 보호하시고, 예방하시며, 채워주실 수 있어. 그런데 왜 그 일에 대해 잠잠히 계시는 건가?"). 그리고는 그분에 대해 잘못된 결론을 내리게 된다("그분은 무능력 하시고 돌보시지 않는 분이야. 아니면 그분은 존재하지 않아").

그렇기 때문에 우리는 우리를 당황하게 하는 것이 사건이 아니라 그 사건과 의미에 대한 우리의 그릇된 신념이라는 것을 알 수 있다.

상황이 왜 이리도 어려운지를 이해하려고 노력할 때 아이들은 보통 어떤 이론이나 가정을 만들어 낸다. 보통 사건에 대한 의미를 찾기 위한 이러한 초기 어린 시절의 노력은 생각하지 못한 나쁘고 두려운 일과 문제에 대한 이상적인 해결책인 최고의 선이 무엇인지에 대한 잘못된 결론을 만들어 낸다. 이러한 것들은 삶을 뒤흔들 수 있는 근본적이며 뿌리깊은 그릇된 신념이 된다.[1]

어떤 어린 아이들은 그들의 부모나 다른 영향력 있는 사람들이 말하는 것을 단순히 들음으로써 근본적인 그릇된 신념을 선택하게 된다. "여성이 강한 것은 나쁘다", "돈이 별로 없는 사람과는 결혼하지 마라." 이러한 말들은 가장 두려운 일이 강한 여성이나 가난한 사람과 함께하는 것을 의미한다. 비록 부모가 그러한 말을 직접적으로 하지 않는다고 할지라도 부모의 모델링과 부모 행동을 통해서 이러한 근본적인 태도를 갖게 된다.

또래들 또한 신념과 태도에 강력한 영향력을 행사할 수 있다. 순결은 어리석은 것이라고 말하는 친구를 둔 14세의 소녀는 세상에서 가장 두려운 일이 처녀성을 유지하는 것이라는 그릇된 신념을 갖게 될지도 모른다.

---

1 보다 많은 근본적인 그릇된 신념에 대한 것을 참조하기 위해서 Bill and Candy Backus(Bethany House Publishers)의 *Untwisting Twisted Relationships*을 보라.

당신은 잠시 생각한 후 아마도 다음 문장을 채울 수 있을 것이다. "내게 일어날 수 있는 가장 끔찍한 일은 _____이 될 것이다."

당신은 빈칸에 무엇을 넣을 것인가? 가난? 죽음? 고문? 암? 핵전쟁? 치매? 아이 상실? 거절당함? 당신에게 일어날 수 있는 가장 두려운 일은 무엇인가? 아마도 당신은 '두려운 일들'의 목록을 가지고 있을지도 모르며 가장 두려운 일이 어떤 것인지 쉽게 결정할 수 없을 수도 있다.

사실 우리 중 누군가에게 일어날 수 있는 최악의 일은 영적으로나 생각으로 또는 행동에 있어 하나님과 분리되는 것이다. 당신이나 내게 하나님 이외에 다른 것이 최고의 선이 되는 한 우리는 불행과 무기력 속에 처하게 될 것이다.

나는 사람들이 가장 '두려워하는 일'에 직면하게 된 몇 가지 사례를 당신과 함께 살펴보고자 한다. 당신은 사람들이 어떻게 해서 그릇된 상념에 귀착되는지 알게 될 것이고 왜 어떤 사람은 불행하게 남아 있고 어떤 사람은 자유롭게 되는지를 알게 될 것이다.

3. 하나님께 당신이 얼마나 선한지 보여 드리기

척(Chuck)은 마치 만성적으로 걱정이 많은 사람처럼 보였으며 신경질은 여전히 그를 파괴하고 있었다. 가끔 바이킹즈(Vikings) 팀의 라인벡커(미식축구의 수비수) 같은 체격의 32살의 이 남자는 앞으로 일어날 거라고 예상되는 나쁜 일들의 목록을 만들었다.

척은 사실 마음의 단절이 생기기 시작한 것이 언제인지 기억할 수 있었다. 그는 14살 때 한 전도자가 죄의 대가는 죽음이고 지옥에 가는 것이라고 설교하는 것을 들었다. 두려움은 척이 서둘러 교회로 가서 예수님을 자신의 구세주로 영접하도록 동기를 부여했다. 그러나 곧 그는 문제가 있다는 것을 알게 되었다.

척은 자기 아버지를 기쁘게 하기 위해 아무것도 할 수 없었다. 그리고 아버지는 심기가 불편할 때 사람을 억누르는 말이나 침묵으로 가족들을 초조하게 만들었고 가족들의 삶을 비참하게 만들었다. 척은 어떻게 신중하게 미래에 발생할 일을 생각해야 하는지에 대해 자신에게 가르쳤다. 따라서 그는 일들이 나쁘게 진행되게 만드는 모든 가능한 방법들을 조사했고 그것들을 피하는 방법들을 궁리했다. 그는 어느 것 하나라도 잘못되면 그것이 아버지의 비난을 사고, 아버지를 분노하게 하며, 사람들의 감정을 상하게 하고 또한 그것이 그에게 영향을 주어 그를 더욱 나쁘게 만들 것이라 믿었다.

그리고 한때 그는 자기 아버지보다 훨씬 더 강하고 누가 보아도 더 엄한 하나님께 복종하기로 약속했다. 그러나 척의 죄와 실수로 인한 결과는 훨씬 더 나빠졌다. 하나님이 그의 하늘 아버지가 아니신가? 아마도 그에게 하나님은 그저 비판적이고 많은 요구를 하는 지상의 아버지보다 능력을 더 많이 소유한 아버지이실 뿐이었는지도 모른다. 그는 우리가 겸손하게 그리스도의 사랑과 공평을 믿어야 한다는 것을 들었으나 척의 현실-그의 가족들의 상황-에 대한 그의 내적 지각은 그에게 다르게 말하고 있었다.

왜 그런지 그리고 그 의도가 무엇인지 알기 전에는 척은 하나님의 말씀에 동의할 수 없었다. 그는 사도 바울이 갈라디아인들에게 경고했던 것과 같은 율법주의에 빠져있다는 것을 전혀 알지 못했다. 그리고 그는 신자의 삶이 인간을 불행하게 만들기 위해 하나님이 계획하신 종잡을 수 없이 복잡한 것이라고 느끼기 시작했다. 그는 하나님을 앞서 판단하며 기피했다. 그분은 적이 되었다.

또 다른 것이 척의 심리검사에서 나타났다. 그는 문제를 일으키는 거의 모든 것들에 대해 거부하고 비판을 피하고자 애썼다. 그는 다면적 성격검사(MMPI)에서 질병으로 드러나는 것이 두려워 잘못이 없게 보이려고 무척 노력했다. 그가 심각하게 하나님을 비판하고 있는 것에 대한 두려움은 다른 어떤 비판도 회피하도록 만들었다. 그는 현실성을 잃어갔고, 인간 본성의 흠이 있는 현실에서 자신을 멀어지게 했다. 그는 자신의 나약함을 부인하였기 때문에 사실 더욱 쉽게 많은 죄에 빠졌다. 척에게 있어 '두려운 것'은 곧 혼란스러운 것이었고 비판을 받는 것이었다. 척은 다음과 같은 그릇된 신념이 있었다.

> 네가 비판을 당했다면 그것은 네가 용서받지 못할 실수를 저지른 것을 의미한다.

> 하나님은 인간이 두려움에서 벗어나는 것을 허락하지 않으신다. 거기에는 용서와 회복이 없다. 그러니 너는 대가를 치러야만 한다.

> 실수를 범하는 것이 가장 두려운 것이다. 가장 좋은 것은 남은 생애 동안 어떤 실수도 하지 않는 것이다. 이것이 죄가 없는 완벽한 삶이다.

당신은 선에 대해 척이 가지고 있는 하나님과의 단절을 볼 수 있을 것이다. 단절은 척이 근본적으로 가지고 있는 그릇된 신념과 선에 대한 아주 뿌리 깊은 하나님과의 불일치에 의해 만들어졌다. 하나님은 다음과 같은 진리로 척의 마음이 열리기를 원하신다.

> 실수를 범하는 것이 가장 두려운 것이 아니라 하나님에게서 떨어져 존재하는 것이 두려운 것이다.

> 모든 실수를 피하는 것이 최고의 선은 아니다. 곧 이것은 하나님의 은혜로 인한 용서를 말한다. 정말 가치 있는 의(義)는 그리스도의 흠 없는 의(義)다. 척은 그가 받아들이기만 한다면 그것을 선물로 받을 수 있다.

당신은 척의 고민과 강박적 완벽주의가 어떻게 선에 대하여 하나님과 단절하게 되었고, 척이 대부분 두려워하는 것이 어떻게 하나님이 틀렸다는 잘못된 믿음을 키워왔는지 볼 수 있는가?

아쉽게도 척은 상담하는 동안에 그렇게 나아지지 못했다. 그는 완벽해지려고 노력했고 절대로 비판을 받지 않으려는 생각에 얽매여 있었다. 비록 그가 스스로를 거듭난 기독교인이라고 말했지만 그는 우리가 믿음을 통한 은혜로 구원을 받았고, 그것이 우리의 노력이 아닌 하나님의 선물(엡 2:8)이라는 것을 받아들일 수 없었다. 그는 여전히 율법을 지키는 율법주의자였고 성령을 통해 하나님의 '역사'가 일어나는 것을 알지 못했으며, 그 역사가 곧 자기를 살리는 것임을 보지 못했다. 만일 척이 하나님과 일대일로 대면했다면 그 대화는 이러했을 것이다.

하나님: 예수가 그의 피로 너를 의롭게 했으니, 이제 너는 내 아들이다. 그러니 평안해라. 그리고 기도로 나와 교제하자. 나는 너에게 나를 따르는 방법에 대해 말해줄 수 있어 기쁘다. 네가 나를 따른다면 내가 너를 돕고 너를 위로하기 위해 성령의 능력을 줄 것이다. 나는 너의 믿음의 창조자이며 완성자다.

척: 이러지 마세요. 누구도 그렇게 선할 수 없어요. 거기에는 분명히 함정이 있을 거예요. 예수님이 십자가에서 마지막 행하심을 믿고 의지해야 함을 알아요. 그러나 그것은 나에게 옳게 들리지 않아요. 나는 어떤 기회도 잡지 않을 거예요. 나는 당신이 보이는 사랑스러운 얼굴을 믿지 않아요. 그것은 그저 우스꽝스러울 뿐이라고요. 절대 안 돼요!

척의 하나님과의 단절은 불행히도 상담이 종료되었을 때에도 여전히 깊게 남아 있었다.

우리 중 일부만이 척의 완벽주의에 대해 확인할 수 있었지만 대부분의 사람도 비판받을 때의 고통을 알 수 있을 것이다. 그리고 우리 대부분이 공유할 수 있는 그릇된 신념으로 인해 드러나게 되는 또 하나의 경향이 있는데 그것은 론(Ron)의 이야기에 나온다.

4. 당신이 절대로 상처입지 않을 것을 확신하기

론은 수줍음이 많고 검은 머리의 동화책에 나오는 해적 같은 수염을 지닌 28세의 청년이었다. 그가 도움을 청하기까지 고통을 받아왔다. 시선을 바닥에 고정한 채 그는 다음과 같이 말했다.

"나는 자위행위를 하는 문제가 있어요. 우리 교회에서는 그것이 잘못된 것이라 가르치고 있어요. 죄책감이 들어요. 나는 스스로 이것을 끊기 위해 많은 노력을 했지만 끊을 수가 없었어요. 저는 이것을 그만두고 싶어요."

나는 그의 목소리와 걱정스런 표현에 담긴 긴장감에서 그가 정말로 이와 관련해 고통을 받고 있음을 알 수 있었다.

"당신은 결혼에 관해 생각해본 적이 있나요?"라고 내가 물었다.

"그것은 무엇보다도 당신의 성적 욕구를 해결하기 위해서 하나님이 마련하신 제도에요."

나는 서둘러서 결혼이 단지 자신의 육적인 욕구만을 위한 것이라고 생각하는 것은 잘못된 것이라는 설명을 덧붙였다. 그러나 결혼의 중요한 목적 중 하나는 우리의 성적 욕구를 충족시키기 위함이다.

론의 반응은 내가 예상했던 것과는 아주 달랐다. 그는 거의 한 시간 동안이나 여성들이 그에게 어떻게 상처를 주고 실망시켰는지, 여성들이 자기 기대에 얼마나 미치지 못했는지 말했다. 그리고 여성들이 그를 얼마나 멀리했는지, 그로 인해 그가 여성에 대한 거의 모든 것을 포기하게 된 것을 설명했다. 그는 예를 들고 또 들어가면서 그가 데이트했던 여성들이 자신을 이용했고 그를 실망시키고 힘들 때 자신을 떠난 것에 대해 자세히 설명했다. 그는 나에게 친구들의 행복하지 못한 결혼생활에 대해 말했는데 그 중의 일부는 매우 불쾌한 이야기들이었다.

론은 아마도 그의 그릇된 신념의 기초가 되었을 듯한 다섯 살 때 일어난 일에 대해 말했다. 그의 어머니는 그를 데리고 지역 가든 클럽 모임에 갔고 어른들이 모임을 갖는 동안 그는 어린 소녀와 다른 방에서 놀게 되었다. 어린 소녀의 부추김으로 론은 결국 서로의 성기를 더듬기 시작했고 소파 뒤로 기어갔다. 호기심은 그들로 하여금 론의 어머니가 가까이 접근하고 있다는 것을 알아차리지 못하게 만들었다. 그의 어머니는 그들의 이상한 행동을 보자마자 사납게 론을 소파 뒤에서 잡아채 그녀의 무릎 위에 놓고 공개적으로 때렸다. 그의 어머니를 격노하게 만든 그 비슷한 '역겨운' 행동들이 있었는데 이것들은 대부분이 아동기의 일반적인 성적 표현이었다.

이런 시도들에 대한 그의 어머니의 무서운 반응 때문에 론은 성행위가 나쁠 뿐만 아니라 그의 성적 관심이 여성들을 역겹고 화나게 만든다고 믿게 되었다. 이것을 믿으면서 론은 여성들로부터의 잔혹한 대우를 예상하며 자라났다. 게다가 그가 일반적으로 관계의 좋고 나쁨을 경험할 때마다 그는 자신에게 다음과 같이 말했다.

"이것은 그들이 네가 정말로 무엇을 생각하는지 알기 때문이야. 넌 역겨워."

따라서 론의 가장 선한 것은(여성들로부터 상처 입는 것에서) 안전함에 머무는 것이었다. 그의 가장 '두려운 것'은 그가 남자로서 거부되거나 거부되는 것을 상상하는 것이었다. 이것은 그의 남성성에 대한 공격이었다. 그가 약점이 될 수 있는 어떤 관계(특히 결혼)들도 회피해야 한다고 믿게 되었다.

일부 사람들은 아마 가장 두려운 것이 상처 입는 것이라는 론의 그릇된 신념에 동의하고 있는 자신을 발견할 것이다. 론을 돕는 것,

그것은 그가 얼마나 불필요한 것에 의해 길들여 졌는지 보게 하는 것이며 우리에게 다른 사람을 사랑하는 것의 중요성을 가르쳐주고 언제나 사람의 독처하는 것이 좋지 못하니 그를 위하여 돕는 배필을 지으시겠다는(창 2:18) 하나님과의 고통스러운 단절을 보도록 도와주는 것이다.

론은 그의 그릇된 신념이 어떻게 그를 하나님의 계획으로부터 멀어지게 했는지 진정으로 볼 수 있었다. 결국 그는 이성과의 관계를 탐색하기 시작했다. 내가 그를 마지막으로 보았을 때 그는 여전히 미혼이었지만 한 여성과의 신뢰 깊은 교제 속에 조금씩 앞으로 나아가고 있었다. 결국에는 상처 받는 것을 받아들일 수 있었고 상처 받는 것이 일어날 수 있는 가장 나쁜 것이라는 그릇된 신념에서도 벗어날 수 있었다.

5. 안심에 대한 무감각

매리 엘렌(Mary Ellen)은 그녀의 64번째 생일을 맞았지만 고통스러웠던 어린 시절의 빈곤에 대한 기억들이 여전히 생생했다. 그녀는 몹시 가난한 농부의 딸로 침울함 속에 자라났다. 가족들이 콩으로 며칠을 연명하고 오두막에 살며 그의 아버지가 여기저기서 몇 달러씩 벌던 시절이 있었다. 설상가상으로 그녀의 어머니는 습관적으로 더 나쁜 최악을 예언하곤 했다. 가족의 처참한 경제적 빈곤과 더불어 이것은 엘렌에게 불안감의 '습관'이 생기게 하는 원인이 되었다.

그 당시에 엘렌은 무언가 나쁜 일이 곧 일어날 것이라는 불안 속에서 살고 있었다. 그녀는 경제적으로 꽤 안정적이었고 철저하게 보험에도 들었음에도 불구하고 그녀와 그녀의 남편이 매우 열심히 일한 모든 것들을 잃게 될까봐 두려워했다.

엘렌에게 가장 두려운 것은 물질적 풍족함이 없어지는 것이었고, 그녀에게 가장 소중한 것은 손실로 인한 고통을 겪는 상황이 없는 상태를 유지하는 것이었다. 대부분 그녀의 에너지를 안전에 바쳤지만 그녀는 한 번도 자신이 안전하다고 느낄 만큼 충분히 안심할 수 없었다. 그러므로 하나님과의 문제는 '두려운 것'과 '최고의 선' 간의 단절이었다.

예수님은 모든 것 중에 최고의 선은 '하나님 나라'라고 말씀하셨다. 우리는 먼저 그의 나라를 구해야 하고 우리를 주님의 신실한 종이 되는 것에서 멀어지게 하는 돈을 모으는 것에 우리 자신을 바치지 말아야 한다(마 6:19-34). 하나님의 관점에서 선은 우리가 가진 모든 것을 버리고 그의 나라로 들어가는 것이다. 반면에 최악의 일은 결코 그 출입구를 찾지 않는 것이다.

6. 머튼(Merton)

머튼에게는 그의 남성미를 과시하는 것이 가장 큰 관심사였다. 약한 체질에 과잉보호하는 어머니 때문에 여러 가지 잔병치레로 학교에 가지 못하고 집에 있는 날이 많았고, 팀워크를 필요로 하는 단체 운동경기도 잘하지 못했다. 머튼은 모든 사람의 놀림거리가 되었다. 꼬마라는 별명으로 인해 또한 놀림을 받았다. 머튼은 자기가 진정한 남자가 되는 데 필요한 것이 없다는 그릇된 신념을 기정사실화했고 강한 골목대장처럼 행동하기를 원했다. 그가 그렇게 행동했을 때 괴롭힘을 당하지 않았고 다른 이들이 물러서기 시작했다. "만일 내가 큰 소리로 말하거나 공격적으로 행동하지 않고, 어디서나 거칠게 행동하지 않는다면, 사람들은 내가 진짜 남자라는 것을 의심할 것이다. 그리고 그들은 나를 괴롭힐 것이다"라고 머튼은 자신에게 말했다. 머튼에게 있어 두려운 것은 '진짜 남자'가 아니라 계집애로 생각되는 것이었다. 그에게 최고의 선은 어느 누구도 다시는 그를 놀리거나 깔보지 못하게 만드는 것이었다. 강인한 남성미는 그릇된 우상이 되었다.

7. 날씬함 유지하기(Staying Thin)

거식증과 먹으면 토하는 것으로 알려진 일단의 고통 받는 사람들은 그들의 존재 가치를 날씬해지는 것에 둠으로써 자신의 몸을 치명적으로 아프게 만든다. 주로 이들은 여러 가지 이유 때문에 가장 이상적인 사람은 피부와 뼈 사이에 지방이 전혀 없는 사람이라는 생각을 하는 사람들이다. 그들은 창백하고 주름이 없는 것을 이상적이라고 생각하는 데, 그들의 몸은 추하고 보기 흉하고 혐오스러운 지방으로 덮여 있다고 왜곡되게 생각한다.

이런 사람들은 어린 시절에 정신적으로나 성적으로 학대를 당한 경험이 있다. 학대당하고 얻어맞으며 그들의 몸이 누군가에 의해서 제어 당하고 지배받는 혼란스러운 환경에서 자랐기 때문에 그들에게 있어 가장 두려운 일은 자신에 대해 통제할 수 없는 것이다. 다이어트와 운동을 중시하는 문화 속에서 방송매체는 누구도 따라 할 수 없는 조절방법을 제안한다. 다시 말해, 체중 조절 곧 홀쭉함이 삶의 한 방식이 되었다.

영화, TV, 패션 잡지 그리고 어쩌면 동료와의 대화로부터 이 피해자들이 가장 두려워하는 것은 뚱뚱한 것이고, 뚱뚱해지는 것이며, 이는 지방을 섭취하는 것과 같다는 근본적인 그릇된 신념을 형성하게 되었다. 이러한 사람들에 의하면, 날씬한 몸매가 선 중에 최고의 선이고 가치 있는 삶보다도 우선하며(심한 섭식장애가 있는 사람에게는 아주 분명함) 이것을 위해 죽을 수도 있다는 것이다.

8. 가정(Home)

나 자신과 하나님 사이에 커다란 단절이 있었을 때 나에게 최고의 선은 가정과 가족이었다. 나는 집에서 쫓겨나고 아이들뿐만 아니라 대부분 나의 수입과 재산도 빼앗겼다. 그리고 나는 이 모든 것을 견딜 수 없는 것이라고 생각했다. 나는 이렇게 잃은 것을 다시는 회복할 수 없을 것이라고 굳게 믿었다.

나는 나의 이런 근본적인 그릇된 신념이 내 어린 시절에 있었던 커다란 변화 때문이라고 믿는다. 나의 가족은 부모님의 이혼으로 인해 산산이 부서지게 되었다.

어린 아이임에도 불구하고 나는 그 무엇도 이보다 더 나빠질 수 없다고 생각했다. 대부분의 이혼한 가정에서 성장한 어린이들은 어떤 식으로든지 그들의 결혼은 꼭 유지해야만 한다고 결심한다. 그러나 당신에게 가장 두려운 것이 이혼이라고 말하는 것은 오류이다. 만일 당신이 이렇게 믿는다면 이것 때문에 당신은 하나님과 잠재적으로 단절을 겪게 되고 말할 수 없이 가엾은 삶을 경험하게 될 것이다. 아무리 좋은 가정이나 가족처럼 고귀한 것도 하나님을 대신할 수 없다.

9. 선에 대한 주요한 그릇된 신념

두려운 일과 그에 대한 보완책으로서 최고의 선이 어떤 오류를 범하는지 당신이 확실히 이해할 때까지 다음의 그릇된 신념들을 공부하라. 어떤 것이든 오직 진정으로 선한 것의 가치를 갖는 것은 하나님과 그의 나라이다.

당신의 감정은 쉽게 상처를 받는다.
당신은 아마 당신 자신에게 이렇게 말할 것이다.
"내가 다른 사람들에게서 인정을 받고 긍정적인 대답을 얻는 것은 당연한 것이야. 만일 한 사람이라도 안 된다고 하면, 나는 포기할 거야."
여기서 두려운 것은 인정받지 못하는 것이다. 최고의 선은 칭찬과 좋은 평가이다.

당신은 해야 하는 일을 미루거나 나쁜 행동을 바꾸는 것에 있어서 실패한다.
당신은 아마도 당신 자신에게 무엇보다도 이렇게 말할 것이다. "난 불쾌하거나 어렵거나 지루하거나 내가 원하는 것을 얻기 위해 시간 낭비하는 그런 일들을 하지 말았어야 했어." 여기서 가장 두려운 것은 불쾌함이나 기다림이나 노력을 인내해야만 하는 것이다. 최고의 선은 당신이 원하는 것을 쉽게 얻는 것이다.

"다른 사람들 때문에 내가 불행한 거야" 또는 "상황이 나를 화나게 해." 대체로 모든 사람이 이렇게 생각한다. 여기서 가장 두려운 것은 완벽하지 못한 환경이나 사람을 갖는 것이다. 최고의 선은 나만을 위해 계획된 유쾌한 사람과 환경이다.

당신은 우울하다.
우울한 사람들은 거의 항상 어떤 것의 변화를 부정하고 자신들의 가치를 평가절하한다. "나는 좋지 않아, 가치가 없어, 무능해, 실패자야." 가장 두려운 것은 나로 존재하는 것이다. 최고의 선은 다른 사람으로 존재하는 것이다.

당신은 걱정이 많다.
당신은 아마도 "만일…어떻게 될까?", "만일 X가 일어난다면? 이것이 끔찍하지 않을까?" 등의 생각으로 당신 자신을 안심시킬 것이다. 가장 두려운 것은 X이다. 곧, 최고의 선은 X에 대한 보험이다.

또는 우울한 사람들에게서 일반적으로 발견되는 '우울함의 세 가지 특징'으로 알려진 그릇된 신념은 다음과 같다. "나는 무가치해", "나의 삶은 가치 있는 삶이 아니야", "미래는 희망이 없어."

이 모든 것으로 고통 받는 사람들은 무엇인가를 깎아내린다. 누가복음 15장에 아주 죄 많은 사람의 높은 가치에 대한 예수님의 계시가 생생하게 나타나 있다. 고린도전서 10:31과 골로새서 3:17은 우리에게 하나님의 영광을 위해 사는 가장 평범한 삶이 가치 있다고 말해준다. 그리고 베드로전서 1:3-5에서는 지금의 상황이 어렵더라도 하나님이 우리의 미래에 여전히 산 소망이 있게 창조하셨음을 말해주고 있다.

완벽주의로 고통받고 있는 사람은 차선의 선을 행하는 것이 삶의 가장 큰 목적이라는 그릇된 신념을 갖고 있다. 이것은 알맞고, 적당해서 이루기 쉽다. 그리고 사람이 항상 모든 면에서 선해야 한다는 것이 본질이 아니다.

불안한 사람의 그릇된 신념은 재앙에 대해 미리 생각하는 것이 재앙을 피하고 자신에게 어떻게 나쁜 일들이 일어날 수 있는지 계속해서 상기시켜주기 때문에 유익하다는 것이다. 사실 미래에 일어날 수 있는 재앙에 대해 상상하는 것은 하나님이 당신의 삶을 통치하시도록 하는 것이나 하나님이 인정하신 어린 아이 같은 믿음을 갖는 것보다 훨씬 쉽다.

우리의 그릇된 신념인 모든 두려운 것과 최고의 선은 독특한 특징이 있다. 그것들은 오류가 많을 뿐만 아니라 보잘 것 없고 잘못된 믿음이다. 이것들은 하나님 이외의 다른 그 무엇이 궁극적이라고 말한다. 이것들이 진리되시는 하나님과의 단절을 초래한다는 데 의심의 여지가 없다.

이것은 선에 대한 정의이고 나와 당신 생각이 아닌 하나님의 방법이며 그분의 말씀이다. 그러므로 어떤 것이 우리의 바람과 반대로 발생하더라도 만일 하나님이 우리를 다듬어 가시도록 허락한다면 결국에는 최고의 선을 가져올 수 있다. 왜냐하면 우리는 선을 창조하신 분의 자녀이고 완벽한 선물이기 때문이다.

10. 당신 자신의 그릇된 신념 찾기

당신이 생각하는 선에 대한 그릇된 신념을 찾기 위해, 연필과 종이를 가져와서 이 연습을 시도해보는 것이 좋을 것이다.

첫째, 다음 목록을 읽고 당신과 관련이 있는 것에 표시하라. 이것은 당신의 감정이나 행동에 관한 어려움을 알게 되는 단서가 된다. 이것은 당신이 정신적으로 병들어 있다는 것을 의미하지 않는다. 단지 당신에게 어떤 어려움을 주는 느낌이나 행동을 확실히 하기 위한 것이다.

둘째, 각각의 그릇된 신념을 당신의 두려운 것이나 최고의 선에 대한 문장으로 바꾸어 보자. 예) "사람들은 나를 사랑해야 해"라는 말은 "모든 사람이 나에게 인정과 애정을 주지 않는 것은 두려운 일이야"와 "최고의 선은 관심과 칭찬을 받는 거야"라고 바꿀 수 있다.

셋째, 선에 대해 하나님께 동의하지 못하는 당신의 문장을 완성해보자. 예) "하나님, 왜 하나님은 내가 받아야 하는 관심과 칭찬을 그녀가 다 받게 하셨나요?"

넷째, 어떤 식으로 그것들이 정신적 우상숭배에 이르게 되는지 찾기 위해 당신의 그릇된 신념을 분석하라. 이 방법으로 당신은 당신과 하나님 간의 단절을 보게 될 것이다.

여기에 목록이 있다(당신 자신에게 적용되는 것들에 대해 생각하는 것을 잊지 마라).

____ 사람들은 나를 사랑해야 한다.

____ 사람들은 내 의견에 동의해야 한다.

____ 사람들은 나를 이해해야 한다.

____ 나는 완벽해야 한다.

____ 나는 최고이어야 한다.

____ 나는 옳아야만 한다.

____ 나는 바꾸기 어렵고 불쾌한 일은 하지 말아야 한다. 이것이 나에게 쉬울 것이다.

____ 만일 무엇인가가 내가 원하는 방식대로 되지 않으면 나는 화가 날 것이다.

____ 사람들이 나에게 집중하지 않을 때 나는 행복해 질 수 없다.

____ 사람들은 나의 기대에 따라 살아야 한다. 그렇지 않으면 나는 불행해질 것이다.

____ 나의 배우자가 내 기분을 고려하지 않을 때 그/그녀는 끔찍하다. 그런 사람과 결혼하는 것은 끔찍한 일이다.

____ 나는 내가 하고자 하는 대로 할 수 있어야 한다. 그리고 다른 사람들이 내가 좋아하는 것을 행할 때까지 뒤에 앉아 기다리는 것이 행복하다.

11. 단절은 하나님의 생각이 아니다.

> 너는 나 외에는 다른 신들을 네게 있게 말찌니라. 너를 위하여 새긴 우상을 만들지 말고 또 위로 하늘에 있는 것이나 아래로 땅에 있는 것이나 땅 아래 물속에 있는 것의 아무 형상이든지 만들지 말며. 그것들에게 절하지 말며 그것들을 섬기지 마라. 나 여호와 너의 하나님은 질투하는 하나님인즉(출 20:3-5).

하나님이 우상숭배를 싫어하시는 것은 이기주의자라서가 아니라 사람들이 그들의 마음을 거짓으로 채워 진리와 갈등을 일으키기 때문이다. 진리와 단절될 때 그들은 자신의 몰락을 막을 수 없다.

솔로몬은 우리에게 다른 이들이 생각하는 우상숭배의 두려움이나 상실에 대한 두려움, 다치는 것에 대한 두려움, 어떤 공포에 대한 두려움이 아닌 주님에 대한 경외심이 지혜의 출발점이라고 했다. 그리고 지혜는 하나님을 거역한 우상숭배로부터 돌아섬이다. 당신 자신에게 진리를 말해라. 이것이 진리의 하나님과 자신과의 관계를 회복시키는, 성경에서 약속한 상급의 삶으로 이끌어주는 길이다(잠 1:1-7). 어떤 지혜를 행할지 생각해보자.

> 대저 여호와는 지혜를 주시며 지식과 명철을 그 입에서 내심이며 그는 정직한 자를 위하여 완전한 지혜를 예비하시며 행실이 온전한 자에게 방패가 되시나니 대저 그는 공평의 길을 보호하시며 그 성도들의 길을 보전하려 하심이니라 그런즉 네가 공의와 공평과 정직 곧 모든 선한 길을 깨달을 것이라. 곧 지혜가 네 마음에 들어가며 지식이 네 영혼에 즐겁게 될 것이요(잠 2:6-13).

> 영원하신 하나님 여호와, 땅끝까지 창조하신 자는 피곤치 아니하시며 곤비치 아니하시며 명철이 한이 없으시며 피곤한 자에게는 능력을 주시며 무능한 자에게는 힘을 더하시나니 소년이라도 피곤하며 곤비하며 장정이라도 넘어지며 자빠지되 오직 여호와를 앙망하는 자는 새 힘을 얻으리니 독수리의 날개 치며 올라감 같을 것이요 달음박질하여도 곤비치 아니하겠고 걸어가도 피곤치 아니하리로다(사 40:28-31).

당신은 이 말씀을 거듭 반복해서 읽으면서 하나님의 무한하신 권능과 당신의 잘못된 '궁극적인 것들'을 대조해보라. 이사야가 말씀을 통해 깨닫게 하고자 한 것은 당신의 자기 대화를 통해 하나님에 대한 진리를 가짐으로써 우상이나 잘못된 것들 때문에 희망 없이 좌절되고 괴로움 당한 존재의 삶이 아니라 '날개달린 삶'을 살 수 있다는 사실이다.

그리고 당신이 고통받는 것을 원치 않으시는 사랑하는 아버지로부터의 경고의 말씀을 생각해보자.

> 하나님의 진노가 불의로 진리를 막는 사람들의 모든 경건치 않음과 불의에 대하여 하늘로 좇아 나타나나니…. 그의 보이지 아니하는 것들 곧 그의 영원하신 능력과 신성이 그 만드신 만물에 분명히 보여 알게 되나니 그러므로 저희가 핑계치 못할찌니라. 하나님을 알되 하나님으로 영화롭게도 아니하며 감사치도 아니하고 오히려 그 생각이 허망하여지며 미련한 마음이 어두워졌나니…. 이는 저희가 하나님의 진리를 거짓 것으로 바꾸어 피조물을 조물주보다 더 경배하고 섬김이라 주는 곧 영원히 찬송할 이시로다(롬 1:18, 20-21, 25).

만일 당신이 어떤 잘못된 우상으로 인해 하나님과 단절되어 있다면, 그것은 그만큼 당신이 하나님의 진리를 거짓으로 바꾼 것이다. 따라서 당신의 삶과 관계 속의 고통은 아마도 하늘로부터 계시된 하나님의 진노일 것이다. 그분은 자녀인 우리가 삶의 근원과 행복으로부터 멀어지는 행동이나 신념을 축복하거나 인정하지 않으신다. 당신은 이 책에서만이 아니라 로마인들을 향한 로마서 전체를 읽음으로써 그 단절을 해결하기 위한 성경적 가르침을 발견할 수 있을 것이다. 하나님은 말씀 속에서 평화와 화해의 길을 보이실 것이다.

물론 또 다른 선택이 있다. 당신은 하나님과 화해하는 대신에 끝까지 하나님께 해명을 요구할 수도 있다.

이제 우리가 말씀 안에서 안식을 찾는 것을 거절할 때 우리가 바라는 것이 어떻게 될지 살펴볼 시간이다.

구름과 바위

수면 아래에
보기에는 매우 단단해서 움직이지 않을 것 같은 것들,
우리는 그것을 망설이며 짧고 넓적한 노로 건드려 본다.

알고 보면 단순한 구름,
알 수 없는 수면 아래 구름과
흐릿한 현실에 대한 그림자들이었다.

우리가 이제는 거울로 보는 것같이 희미하나
그때에는 얼굴과 얼굴을 대하여 볼 것이요
이제는 내가 부분적으로 아나
그때에는 주께서 나를 아신 것같이
내가 온전히 알리라.

8장
단절이 우리에게 준 영향

내가 1장에서 나와 하나님과의 갈등을 기술하려고 생각했을 때, 나는 걱정스러웠다. 일부 독자들이 하나님에 대한 나의 분노로 인해 크게 충격을 받고 불쾌해져 책을 덮어버리고 뒷 부분의 내용은 읽지 않으면 어떻게 하나라는 생각이 들었기 때문이다.

나는 아주 많은 친구나 내담자가 그들의 기분에 대해 솔직해지려고 애쓰는 것을 들었다. 아마도 하나님과 함께 완전한 평화를 누리는 사람은 매우 적을 것이다. 내가 아는 대부분의 신자가 자신들을 향한 하나님의 '보잘것없는' 돌보심에 대해 충격과 상처를 받는다.

"하나님은 나를 차별하셔. 다른 사람들은 그들이 원하는 것을 얻지만 내가 기도할 때 하나님은 나에게 반대로 주셔. 나는 남자친구가 있었어. 하지만 내가 남편에 대해 기도를 하고부터는 더 이상 데이트조차 하지 못했어"라고 한 여성이 불평했다. 그녀는 여전히 미혼인 것이 하나님의 잘못이라고 생각했다.

이미 3장에서 읽었던 도스토예프스키의 작품에 나오는 무신론자 이반(Ivan)은 공격과 상처, 그리고 충격을 받은 것에서 그치지 않았다. 그는 완전히 하나님으로부터 멀어졌다. 적어도 그의 마음속에서 그는 확실히 하나님을 버렸다. 그는 하나님을 완전히 지워버렸다.

물론 하나님으로부터 멀어지지 않은 '신실한' 기독교인이라 할지라도 하나님 안에서의 믿음을 포기한 사람은 많다. 나는 가끔 신자들이 영적인 상처에 좀 덜 민감하면 어떨까 하고 생각해본다. 왜냐하면 그들은 하나님을 매우 열정적으로 믿고 하나님이 그들이 요청하는 것을 들어주시리라고 너무 확신에 차서 기대하기 때문이다.

한 작가가 『하나님께 대한 실망』(*Disappointment with God*)[1]이라는 책에서 이러한 상처에 대한 결과에 대해서 기술했다.

당신이 이 감정을 실망, 상처, 분노, 씁쓸함 등 무엇으로 부르건 간에 하나의 기본적인 사실이 존재한다. 그것은 당신이 하나님을 향한 적개심을 피할 수는 없지만 당신은 자신이나 다른 사람과의 관계 속에서 그 결과를 드러내지 않고 숨길 수 있다는 것이다. 하나님과의 단절은 영적으로나 감정적으로 당신을 부패시키는 성분이 될 것이다. 그리고 이것을 제대로 다루지 못한다면 결코 해결할 수 없는 결과를 가져올 것이다.

---

[1] Yancey, Phillip. *Disappointment with God: Three Questions No One Asks Aloud* (Grand Rapids, MI: Zondervan, 1988).

1. 우주 속의 '돌발적 반항아'

　단절은 당신이 아무도 없는 우주 속에서 홀로 방황하게 한다. 그리고 그 우주는 관심을 두고 돌봐야 할 하나님이 주관하시는 세계이다. 최근 나는 무자비한 괴한에 의해 거의 죽을 뻔했던 한 신학자의 연설을 들었다. 장기간의 치유를 통해 그녀의 상처는 회복되었고 그녀는 다시 강단에 설 수 있었다. 그리고 그녀는 처음으로 공개적으로 자신이 당한 재앙에 대해 이야기했다. 이것은 그녀에게 매우 어려운 일이었는데도, 그녀는 자신이 겪은 공포상황을 설명할 때 차분한 안정을 유지했다.

　나에게 가장 관심이 있었던 것은 하나님이 그 상황에서 어떤 역할을 하셨다고 그녀가 인식하고 있는지였다. 그녀는 하나님이 그녀에게 역경을 가져오셨다는 것을 부인했다. 즉 하나님이 그것을 의도하시지는 않았다고 생각했고 그 상황을 허락하셨다는 것을 부인했다. 요약하면, 그녀는 하나님은 이 일과 관련해 아무 일도 하지 않으셨다고 말했다. 내가 그녀의 말을 곰곰이 생각해보았을 때 비극을 다루는 그녀의 방식은 성경의 하나님께 돌아가는 것이 아니라 교리와 논리를 가지고 팽팽하게 긴장하는 것이었다. 그녀에게 있어 하나님은 더 이상 참새 한 마리가 땅에 떨어졌을 때 이를 아시고 돌보시는 하나님이 아니었다. 사실상 그녀는 하나님을 마음속에서 완전히 지워 버렸다.

　이 여성처럼 많은 사람이 그들의 삶 속에서 하나님이 관여하신다는 것을 완강히 부인함으로써 그들의 분노를 삭히고 있다.

어떤 사람들은 자신의 철학적 사고의 틀을 세우는데 그것은 하나님이 우주를 창조하시고, 우주의 법칙을 만드시고, 작동시킨 후에는 영원히 물러나 관여하지 않으시므로 피조물이 부여받은 시간 동안 모든 것이 스스로 움직인다는 것이다. 요약하면 그들은 하나님을 없애버린 것이다.

인간의 자유의지가 하나님의 개입보다 더 강하다고 주장할 때 우리는 값비싼 대가를 치르게 된다. 어떻게 우리보다 못한 하나님께 의미 있는 기도를 드릴 수 있으며 자신이 주장하는 것도 제대로 감당하지 못하는 하나님께 기도를 드릴 수 있겠는가?

만일 하나님과의 단절이 계속되도록 내버려 두어서 하나님이 당신에게 있어 중요한 분임을 부인한다면 당신은 엄청난 현실에 직면할 수밖에 없다. 그리고 그것은 하나님이 당신과 함께하시지 않고, 당신을 돌보시지 않기에 당신은 거대한 우주에서 아주 보잘것없이 작고 아무것도 할 수 없는 외톨이가 될 것이다.

1) 단절은 당신으로 하여금 삶을 당신 임의대로 살도록 한다

당신이 곧 신이다. 이것은 처음에는 매력적으로 들릴 것이다("굉장해! 난 내 삶을 맘대로 살 수 있어!"). 많은 사람이 자신은 능력이 있어 자신을 위해 스스로 선택할 권리를 얻었다는 생각에 전율을 느낄 것이다. 그러나 실제로 하나님이 결국 그의 손을 놓으시고 "너 스스로 네 길을 선택하고 네가 원하는 대로 행하라. 나는 더는 너에게 관여하지 않겠다!"라고 말씀하시게 되면 이것은 매우 심각한 지경에 이른 것이다.

　로마서에서 바울은 하나님의 진노를 하나님이 인간을 포기하시고 내버린 상태로 정의하고 있다. 그분은 한 발 뒤로 물러나시고 인간 스스로 모든 책임을 지게 하신다. 그런 후에는 결코 어느 누구도 모든 것을 아시는 하나님께로 돌아올 수 없으며 누구도 인간에게 필요한 일들을 다 이루시는 능력을 갖고 계신 하나님을 의지할 수 없다. 거기에는 자기 멋대로 행하는 보잘것없는 인간만이 있을 뿐이다.

　2) 단절은 당신으로 하여금 반항하게 한다

　이에 해당하는 비슷한 경우가 우리 가족에게 한 번 일어났다. 나는 당신에게 일상 생활 속에서 분노가 얼마나 빨리 단절을 초래하고, 하나님을 보좌에서 끌어내리는지 설명함으로써 이에 관해 말하려고 한다.

　한때 우리 가족은 사드락과 메삭이라는 말 두 마리를 소유하고 있었다(우리는 적당한 아벳느고를 찾으려고 하지 않았다). 이 말들은 내 아내에게서 많은 사랑을 받았다. 그리고 우리 딸 캔디도 그 말들을 헌신적으로 사랑했다.

　우리는 그들을 근처 농장에 맡겨 길렀는데, 어느 날 말들이 도망쳤다. 말들이 멀리 도망가고자 했다면 충분히 미국 중서부 전체를 돌아다닐 수 있었을 것이다.

　우리는 하루가 지나고 이틀이 지나도 말들을 찾을 수가 없었다.

캔디는 점점 더 슬픔에 잠겼다. 둘째 날 저녁, 캔디는 말들을 도둑맞았으니 다시는 볼 수 없을 것으로 생각했다. 그녀는 슬피 울었고 아무것도 그녀를 위로할 수 없었다.

그런 후 그녀는 분노하였다. 나는 그때 딸이 말하는 것을 듣고 적잖이 놀랐다. "하나님은 절대로 성경에서 말씀하신 대로 하지 않으셔. 어떻게 이런 일이 일어나게 두실 수 있지? 교회에 가고 기도하는 것이 무슨 소용이 있어?" 그녀의 생각으로는 하나님이 하나님의 일을 하시지 않은 것이었다. 그래서 그녀는 분노로 반응했고 그것은 곧 반항으로 돌변했다.

이제 캔디는 이 일을 한때의 분노로 회상한다. 캔디와 나는 관대함과 온화함으로 이 반항적 분노를 오래 참으시고 교정하신 아버지를 생각하면서 함께 미소를 지었다. (우리 말들은 이웃의 건초더미를 게걸스럽게 뜯어 먹고 있었다.)

나는 하루에도 얼마나 자주 잘못된 작은 일로 인해 하나님이 누군가의 반항의 표적이 되고 있는지 궁금하다. 그 잘못된 일은 대체로 하나님이 보호하시지 않거나 공급해주시지 않으셔서라기보다는 우리 자신의 부주의 때문에 일어나는 경우가 더 많다.

3) 단절은 당신으로 하여금 하나님께 '본때를 보이기'로 결심하게 할 수 있다

믹키(Mickey)는 차 문을 쾅 닫고는 당당하게 술집으로 들어갔다. 그리고는 아주 쓴 더블 마티니를 주문했다. 그는 술에 취하기로 결심했다. 왜냐하면 "하나님이 그것을 초래"하셨기 때문이다.

그의 노력과 헌신과 기도와 성경 읽기, 그리고 술을 끊기 위한 노력에도 불구하고, 하나님은 사랑하신다는 어떤 징표도 보여주지 않으셨다. 믹키는 승진을 위해 기도했지만, 대신에 켄(Ken)이 승진 자질이 부족함에도 불구하고 승진했다. 믹키는 기도도 분명히 했었다.

그는 마티니 한 잔을 들이키면서 아무것도 아닌 보잘것없는 하나님의 약속을 믿었던 자기 자신이 바보라고 생각했다.

"나는 그분을 기쁘시게 하려고 괜한 노력을 했어. 나는 이 구질구질한 회사를 그만둘 거야." 그는 하나님의 아무런 도움 없이도 성공할 수 있다는 것을 하나님께 보여 드리고 싶었다.

이것이 하나님께 분노한 매우 많은 사람의 방식이다. 그들은 자신들이 비참하게 실패하는 것이 "하나님을 유감스럽게 만드는 것"이라고 생각한다. 그들은 하나님의 도움 없이도 잘 지낼 수 있다는 것을 입증하기 위해서 그들은 두 배로 노력하고 심지어 큰 성공을 거두려 한다. 하지만 그들은 보통 성공하지 못하더라도 하나님께 앙갚음할 수 있는 것은 무엇이든지 함으로써 만족하려 한다.

4) 분노로 말미암은 단절은 당신의 인생, 능력, 사랑, 응답된 기도의 근원 되시는 하나님으로부터 당신을 단절시킨다

당신이 분노 때문에 하나님으로부터 더 멀리 표류하게 될 때 당신은 근원으로부터 멀어지는 것이다. 그분은 사람이 영적으로 살아 있기 위해 꼭 붙들어야 할 근원자가 되신다. 당신은 기도하기가

더 어렵다는 것을 발견하게 되며, 하나님이 응답하실 거라는 기대가 더 적어지게 된다. 삶에 대한 내적 힘은 점점 사라진다. 왜냐하면 생명은 신자가 하나님과 친밀함 속에 있을 때 성령으로부터 오기 때문이다. 당신이 성령을 마음으로부터 밀어낸다면, 당신은 성경적으로 죽은 상태에 있는 것이다. 비록 당신의 심장박동이 아직 멈추지 않았다고 해도 당신은 영적으로 죽어가고 있는 것이다.

마이클(Michael)이 이런 죽음을 경험했다고 나는 생각한다.

2. 마이클

62살의 마이클은 3년 전 아내의 죽음 이후로 계속 우울해하고 있었다. 그는 내게 방문한 이유를 설명하기 위해 무릎 사이에 손을 끼워 넣고 몸을 나를 향해 기울였다. 나는 당신을 위해 그와의 대화를 다음과 같이 기록했다.

> **마이클**: 모든 것이 변했지만 정신차리고 기운내야 하겠지요. 하지만 우리가 삶을 즐기기만 하면 되는데 왜 베티(Betty)가 나를 떠나야만 했던 거죠? 우리는 주택금융 융자도 다 갚았어요. 막내도 분가했고요. 나는 일찍 은퇴해서 우리는 여행도 할 수 있었어요. 그런데 그녀는 암에 걸려 죽었어요.
>
> **베커스**: 당신은 베티가 "당신을 떠났다"라고 말했죠. 그것이 그녀의 죽음에 대한 당신의 생각인가요?

마이클: 그렇다고 생각해요. 나는 마치 그녀가 떠났고 나만 홀로 남겨진 것 같아요. 그녀가 아픈 건 어쩔 수 없다고 생각해요. 하지만 나는 궁금해요. 왜? 도대체 어떤 하나님이시기에, 모든 것이 잘되어갈 때 그 무서운 암이 나의 아내를 데려가도록 허락하셨을까요?

베커스: 당신은 사랑과 긍휼의 하나님이라고 불리는 하나님이 어떻게 그러실 수 있는지 이해하기 어렵다고 말하는 것인가요?

마이클: 맞아요. 어떻게 그분이 그렇게 잔인하실 수 있죠? 그것이 나를 그렇게도 힘들게 하는 것이에요.

베커스: 당신이 느끼는 것이 무엇인가요?

마이클: 나는 이에 대해 깊이 생각해 본 적이 없어요, 하지만 속으로는 어떤 나쁜 감정을 하나님께 갖게 되었어요. 나는 기도하고 싶지 않았어요. 나는 여전히 종종 교회에 가지만 죽은 것처럼 느껴져요. 아마 내가 죽음을 느끼는 걸 거예요. 어쩌면 둘 다겠죠. 나는 하나님이 베티를 데려가셨기 때문에 하나님께 대항하고 있다고 생각해요. 나는 하나님이 내게 어떻게 그렇게 하셨는지 내가 단지 모를 뿐이라고 생각해요. 그리고 그것 때문에 하나님께 그렇게 좋은 감정이 없어요. 아마도 나는 하나님으로부터 멀어져 있나 봐요.

몇 번의 상담을 통해 마이클은 그의 근거 없는 하나님을 향한 분노 감정에 접근하고자 노력했다. 그는 그가 상실로 돌렸던 불행의 많은 부분이 사실 '베티의 암을 고치실 수 있었던' 하나님을 향한 괴로움이었음을 알아냈다. 모순은 마이클의 영적 건강이 분노라는 암에 점점 잠식되어 갔고 그가 나에게 의뢰했던 우울함을 만들어

내고 있었다.

분노가 인간의 마음으로부터 하나님을 밀어낼 때, 인간의 감정적 삶에 미치는 영향은 황폐화이다. 그러나 어떤 심리학자는 영적 문제들은 정신적 갈등만을 나타낸다는 일반적인 선입관으로 인해 아마 이것을 보지 못할 것이다.

이는 많은 치료사가 인간의 영혼 속에서 일어나는 더 깊은 실제를 보지 못하도록 하는 원인이 된다. 인간은 하나님께 분노할 수도 있다. 그러나 자기 아버지에게 정말 분노한다는 사실을 숨기는 것은 우리에게 도움이 되지 않는다.

1) 하나님에 대한 분노는 당신에게 단지 당신을 파멸시키는 좋지 못한 행동을 하게 한다

존(Jon)에 대해 간단히 이야기하려고 한다. 그는 문란한 성관계로 하나님과 '싸우고' 있는 젊은 청년이다. 당신은 겉으로 보이는 존의 수동적인 모습과 변함없는 천사와 같은 미소 아래 무엇이 숨어 있는지 도무지 상상도 못할 것이다. 그는 금발의 곱슬머리에 푸른 눈을 가지고 있는 29살의 청년이었는데 그는 사랑에서도 자신이 항상 지배해야 한다고 믿고 있는 것 같았다.

그러나 존은 승자가 아니었다. 실제로 그의 잘생긴 외모는 여자를 성적으로 쉽게 유혹했다. 조금의 과장도 없이 그는 나에게 아마 백여 명의 여자 혹은 그 이상의 여자들과 잠자리를 가졌다고 말했다. 그는 사랑과 친밀감에 매우 굶주려 있었기 때문에 이러한 행동

이 그가 할 수 있는 전부라고 말했다. 하지만 이것은 그가 싫어하는 행동이었다. 그는 처음 방문했을 때 "왜 하나님은 내게 정말 사랑할 사람을 주시지 않죠?"라고 물었다.

결국 존은 아주 오래전에 이미 흥미를 잃어버린 여성들과의 문란한 잠자리에서 벗어나는 것에 관해 자신에게 묻기 시작했다. 그는 뭔가에 홀린 것 같다고 했다.

내가 "왜 그렇다고 생각하죠?"라고 물었을 때,

그는 "음, 하나님은 제가 하는 행동을 좋아하시지 않는다는 생각이 들어요"라고 말하면서 깊은 생각에 잠겼다.

나는 "무슨 뜻이죠?"라고 자세히 물었다.

"글쎄요. 저는 제가 잠깐 사귀었던 모든 여자들이 형편없는 것으로 드러났을 때 하나님께 화가 났어요. 가끔 저는 심지어 '하나님을 괴롭힐거야! 문란한 성생활로 나를 한번 더럽혀보는 거야!'라고 생각하기도 했어요. 저는 그것이 저에게 나쁘다는 걸 알았지만 그것이 제가 하고 싶었던 정확한 이유에요. 이해하시겠어요?"

그는 모든 실패의 책임을 하나님께 전가하는 것처럼 보였다. 그는 그의 분노를 자신에게 표출하여 성적으로나 인간적으로 망가짐으로써 하나님을 처벌하고자 했다.

2) 하나님께 대한 분노는 당신으로 하여금 다른 사람을 해롭게 한다

이따금 사람들은 상담받기를 원하지 않는다고 말하면서도 상담을 받기 위해 온다. 로다(Rhoda)의 경우가 그렇다. 그러나 그녀는 판사로부터 치료를 받으라는 명령이 있었기 때문에 선택의 여지가 없었다고 말했다.

로다는 그녀가 학대하던 10살짜리 지니(Jeannie)라는 아이의 편모였다. 지금 그 소녀는 집에서 떠나있고 로다가 치료를 마치고 나면 집으로 돌아올 것이다.

의도한 것은 아니지만 그녀는 결국 자기 딸을 가위로 공격하게 되었다. "하지만 저는 그애를 찌르거나 베려는 의도가 없었어요. 그저 그걸로 때리려고 했던 것뿐이었어요. 우연히 베게 된 곳이 그 아이의 목 부위였어요. 그 아이가 학교에서 자기가 다친 이유를 누군가에게 말했고 한 선생님이 아동 보호소에 신고했어요."

점차 나는 로다가 전에도 가위를 가지고 학대했음을 알게 되었다. 지니는 우연히 목을 베었을 수도 있다. 또한 그녀는 지니를 옷걸이, 막대, 칼 같은 것들로 때렸을 수도 있다. 하지만 전에는 아무도 그녀를 신고하지 않았다. 그녀는 이제 자기가 잘못한 것을 깨달았고 딸이 돌아오기를 원한다고 말했다. 단지 그것이 그녀가 나를 찾아온 이유였다. 그녀는 정말로 지니를 잃는 것을 원하지 않았다.

"하지만 지니는 밤낮 쉬지 않고 저를 괴롭혔어요. 저는 그녀를 몇 가지 방식으로 벌을 주었어요. 그래도 나아지지 않으면, 저는 분노했어요. 그리고는 맹렬히 공격했어요. 맞아요. 제가 딸을 다치게 했어요. 제가 못된 엄마라는 것을 알아요. 나쁜 사람이죠. 이것이 당신이 듣고 싶은 것 아닌가요?"

로다 자신도 학대를 받았었다. 그녀의 어머니는 정기적으로 그녀가 멍들 때까지 그녀를 때렸고 그녀는 학교에서 상처를 숨기기 위해 긴 드레스와 긴 소매 옷을 입어야 했다. 하지만 그녀는 잘 살아왔다. 내가 하나님과의 관계에 대해 물었을 때 그녀는 차가운 반응을 보였다.

"저는 하나님이 싫어요! 그분은 저를 위해 아무것도 하시지 않았어요! 어머니가 저를 때릴 때 그분은 어디 계셨죠? 로저(Roser)가 저를 임신시키고 지키지도 못할 약속을 하고 저를 떠났을 때 그분은 어디 계셨죠? 내가 혼자 병원에서 지니를 간호하고 있었을 때 하나님은 어디 계셨죠? 제가 아이를 위해 울며 불며 도움을 구할 때 하나님은 어디 계셨죠? 하나님은 제게 아무 관심이 없으셨어요. 그분은 저를 돌보시지 않았고 그분에게 저는 아무것도 아니었어요!"

"당신이 지니를 학대해도 하나님이 신경 쓰시지 않는다고 생각하세요?"

"만일 하나님이 관심이 있으시다면, 그리고 이것이 그분을 성가시게 했다면 저는 좋아요. 그분이 그렇게 만들었으니까!"

그렇다. 일부 사람들에게 있어서 분노로 인한 단절은 비록 그들이 사랑하는 사람일지라도 그들에게 악한 공격을 가한다.

3. 분노로 인한 단절의 교훈

하나님과의 분노로 인한 단절은 거대한 그릇된 신념에 기반을 둔다. 그 중 가장 대표적인 것은 우리가 앞서 살펴본 것처럼 "나를 위한 선에 대해 하나님의 생각이 잘못되었다"이다. 하지만 분노한 사람은 또 다음과 같은 일부 진리를 강조한다.

1) 하나님이 주관하신다

일부 선한 사람은 괴로워하는 친구에게 악은 하나님이 행하시는 것이 아니며 그분은 선한 일만 행하신다고 말한다. 그러나 성경은 때때로 악한 일도 하나님으로부터 직접 왔음을 이야기한다(삼상 16:14-16; 삼하 12:11; 대하 34:24). 좀 더 자주 우리는 사탄이 재난을 일으킨다고 듣는다. 그렇기는 하지만 우리는 하나님이 주관하신다는 것을 잊어선 안 된다. 하나님이 악을 멈추게 하실 수도 있지만 때론 그렇지 않을 때도 있다. 악의 많고 적음이나 악의 유형으로는 하나님이 주관하시지 않는다는 것을 증명할 수 없다.

2) 하나님은 악을 다스릴 수 있고 또한 다스리신다

때로 하나님이 악이 인간의 삶에 약간의 두려운 것들을 행하게 허락하시지만 언제나 한도를 정해 놓으신다. 사탄은 그 한계를 넘을 수 없다. 우리는 욥기 1장에서 하늘 보좌의 하나님이 사탄을 큰 개처럼 끈으로 묶어 허락한 만큼만 갈 수 있고 더 멀리는 가지 못하게 하는 장면에서 합리적으로 추측해 볼 수 있다.

3) 하나님은 악의 결과가 어떻게 선으로 바뀌는지 우리가 아는 것보다 더 잘 알고 계신다

> 내 생각은 너희 생각과 다르며 내 길은 너희 길과 달라서 하늘이 땅보다 높음 같이 내 길은 너희 길보다 높으며 내 생각은 너희 생각보다 높으니라…너희는 기쁨으로 나아가며 평안히 인도함을 받을 것이요 산들과 작은 산들이 너희 앞에서 노래를 발하고 들의 모든 나무가 손바닥을 칠 것이며 잣나무는 가시나무를 대신하여 나며 화석류는 질려를 대신하여 날 것이라(사 55:8-13).

하나님이 가시나무와 질려나무를 허락하셨으나 그분은 일의 계획도 능히 바꾸시기에 향기로운 잣나무와 사랑스러운 화석류 나무를 그 자리에 자라게도 하신다.

당신은 하나님에게서 벗어날 수 없다. 그분이 당신을 주관하신다. 당신을 향한 그분의 뜻은 선하다. 당신과 그분의 단절이 그분이 존재한다는 진리를 바꾸지 못한다. 당신은 그분을 존재하지 않는 어떤 것으로 바꾸지 못한다. 만일 바꾸지 못한다면 그리고 만일 세상과 우리의 삶에 악이 존재한다면 우리는 하나님에 대한 진리를 제대로 보는 것이 좋을 것이다. 그분은 누구인가?

하나님이 누구신가에 대하여 신학적으로 잘 알려지고, 잘 정리되었기에 나는 하나님이 자신에 대해 어떻게 말씀하셨는지를 신중히 살펴봐야 한다고 생각한다.

지친(Tired)

어떻게든 나는 가을걷이 일을 쉬지 않고 끝내서
곡물을 모으고
거둬들여
안전하게 저장할 것이다.

나는 여전히 "잘했구나, 착하고 충성된 종아"라는 말을 듣고
싶다.
하지만 지금은 지치고, 피곤하여 겨울잠을 자야 할 것 같다.
그러나 나는 자기 전에 약속을 지켜 갈 길을 갈 것이다.

주 하나님이 나로 학자의 혀를 주사
나로 약한 자를 말로 위로하는 법을 알게 하시고
아침마다 깨우시고, 내 귀를 깨우사
학자처럼 듣게 하시고
주께서 내 귀를 여사
나로 반항하지 않게 하시며
뒤로 물러나 침륜에 빠지지 않게 하시리라.

9장
하나님을 어떤 존재라고 생각하는가?

나만의 세상이 산산조각이 났다고 생각했을 때 나는 하나님의 진리에 대해 알고 있다고 생각했다. 그러나 나는 막연한 느낌으로만 알고 있었던 것이다.

교리문답서에 의해 하나님에 대해서 무엇이 옳은 답인지와 그분의 특성이 무엇인지를 알고 있었지만 난 줄곧 나 자신에게 온통 다른 것을 이야기하고 있었다. 내가 그릇된 신념을 내 삶에 적용 하는 동안 진리는 나의 뇌 속 어느 구석엔가에 처박아 놓았다. 이러한 '정신분열증' 상태는 여러 문제와 불안정한 상태를 가져왔다. 정말 야고보가 경고한 것처럼 될 것이다(약 1:6-8).

당신이 놀라움과 슬픔의 두 마음을 품고 있을 때 당신은 자신의 진정한 상태를 보지 못한다. 정신적, 영적 혼란으로 당신은 균형을 상실하게 된다. 종교적 '진리'가 실제로 그렇지 않은 경우가 있음에도 불구하고 당신은 그것을 사랑의 소리라고 생각하기 때문에 그러한 모순에 빠지는 것이다.

예를 들어 당신은 하나님은 사랑이시라는 것을 알고 있다(요일 4:8). 그러나 당신은 자신에게 말하기를 "그분은 나에게는 관심이 없으셔! 왜냐하면 그분은 _____이 일어나게 허락하셨기 때문이야"라고 말한다. 그러나 우리를 사랑하시는 하나님은 우리에게 무관심하실 수 없는 분이시다.

이혼 후 내가 생각하고 있는 신념은 내 뇌 속 어느 구석엔가에 처박아놓고 그 진리와는 완전히 반대로 가고 있었다. 나는 정확히 그 순간을 지금도 기억해낼 수 있는데 다음은 내 아픈 일상생활에서 혼잣말로 중얼거렸던 내용이다.

> 내가 처음으로 선택한 내 인생이 사라졌어! 그리고 내 인생은 산산이 깨져버린 조각들이 되었어. 나는 지금부터 이 비참한 인생을 견뎌내야만 해!
>
> 내 인생은 이제 끝장났고 중요한 모든 것이 사라졌어.
>
> 나는 이 세상에 혼자 남겨질 거야. 아무도 날 사랑하지 않거든. 이후로도 없을 거고, 정말 내 인생이 뭔가 심하게 꼬였어. 나는 패배자야. 나는 다시는 결혼 안 하는 게 나을 거야.
>
> 하나님은 내게 도움이 못돼.
>
> 종교는 시간 낭비야.
>
> 기독교는 삶의 현장에선 무용지물이야. 나에게는 심리학이 더 심오한

이해를 제공해주었어. 진정한 해답은 마음의 작용을 아는 데 있음이 틀림없어. 확실히 내게 필요한 것은 성격이론(science of personality)을 공부하여 찾아내는 것이야.

내가 부당하게 대우를 받았기 때문에 나는 나 자신에게 탐닉할 권리가 있어. 내 욕망에 제한 없는 자유를 줄 권리가 있어. 이것이 내가 잃어버린 것의 일부를 보충해줄 거야! 나는 스스로 그릇된 행동을 해야 한다고 생각해. 내게 줄 좋은 것이 어디에 있는지 쳐다봐.

난 사람들 무리에 낄 거야. 세상에는 인간이 즐길 수 있는 즐거운 재밋거리로 가득 차있어. 술 마시는 것, 담배 피우는 것, 음악에 날뛰어 보는 것 등등. 나는 피곤하게 하는 모든 율법주의 명령을 지키려고 노력하는 것에 질렸고 지쳤어. 아마도 그것들은 시대에 뒤떨어진 것 일 거야.

당신 스스로 하나님이 누구신지 비꼬아 말하고 있는가? 당신이 다음 상황에 대해 불행하다고 생각될 때, 당신 마음에서 나오는 자기 대화를 조율해보자.

하나님은 날 사랑하시지 않아. 정말로 그래, 왜냐하면 내가 사랑받을 일을 하지 않았으니까.

하나님은 분명히 내게 관심이 없으셔.

하나님은 거룩하고, 재능 있고, 잘생기고, 유창하게 말하고, 똑똑하고, 밝고, 청결하고 흠이 없는 그런 사람들만큼 날 생각하시진 않을 거야.

만약 내 기도에 응답해주시는 하나님을 갖게 된다면, 그때 하나님이 정말로 날 사랑하시는지 알게 될 거야.

하나님이 내게 상처를 주시지 않는다는 것을 믿을 수 없어.

하나님이 내게 일어나도록 허락하셨던 것은 나에게 일어나지 말았어야 했어.

그는 나쁘고, 불공평하고, 부조리해!

나한테 하나님보다 무엇이 더 선한 것인지 내가 더 잘 알아!

이런 그릇된 신념들이 하나님의 성품을 공격한다. 이것들은 강력하고 막대한 해악을 만들어낼 수 있다. 그 힘은 영원히 변하지 않는 하나님의 말씀으로부터(사 40:38)가 아닌 그때 당신이 경험했던 것에서 나온다. 경험으로부터 나온 신념은 하나님에 대해 잘못된 결론으로 이끌어가며 아주 위험하다.

마침내 내가 하나님께 마음 문을 열었을 때(그분에 대한 내 신념 대신) 나는 갑자기 혁신적인 방법으로 그 진리를 깨닫게 되었다. 진리는 내 경험을 판단할 수 있는 기준이 되었다. 이것은 내가 해왔던 것과는 정 반대의 일이었다. 이제 더는 환경에 의해 방치되거나 멍들지도 않았다.

나는 내 속 사람을 강하게 할 수 있었다. 왜냐하면 나는 그 거짓말로 야기된 고통을 멈출 수 있었기 때문이다. 그리고 나는 진리와 함께 나 자신을 다시 세워나가기 시작했다. 하나님의 진리는 무엇인가? 당신 내면에 불신의 자기 대화와 싸워 당신의 진리의 서재를 채우려면 어떤 것이 필요한가?

1. 오직 진리이신 하나님

1) 하나님은 당신을 사랑하시되 끝까지 사랑하시는 하나님이시다.

> 나 여호와가 옛적에 이스라엘에게 나타나 이르기를 무궁한 사랑으로 너를 사랑하는고로 인자함으로 너를 인도하였다 하였노라(렘 31:3).

2) 당신이 하나님을 사랑하지 않고 예배하지 않을지라도, 그리고 당신이 죄를 짓고 있을 때에도 하나님은 당신을 사랑하신다.

> 우리가 아직 죄인 되었을 때에 그리스도께서 우리를 위하여 죽으심으로 하나님이 우리에게 대한 자기의 사랑을 확증하셨느니라(롬 5:8).

3) 하나님은 당신을 대적하시는 분이 아니라 지지자가 되신다. 동맹자이신 것이다. 적도 아닌 당신의 파괴자도 아닌 당신을 도우시는 분이다.

> 그런즉 이 일에 대하여 우리가 무슨 말 하리요 만일 하나님이 우리를 위하시면 누가 우리를 대적하리요. 자기 아들을 아끼지 아니하시고 우리 모든 사람을 위하여 내어주신 이가 어찌 그 아들과 함께 모든 것을 우리에게 은사로 주지 아니하시겠느뇨(롬 8:31-32).

4) 하나님은 우리를 향한 구체적인 계획을 가지고 계신다. 그가 우리를 위해 계획하신 것은 악한 것이 아닌 선한 것이다.

> 나 여호와가 말하노라 너희를 향한 나의 생각은 내가 아나니 재앙이 아니라 곧 평안이요 너희 장래에 소망을 주려 하는 생각이라 너희는 내게 부르짖으며 와서 내게 기도하면 내가 너희를 들을 것이요 너희가 전심으로 나를 찾고 찾으면 나를 만나리라 나 여호와가 말하노라 내가 너희에게 만나지겠고 너희를 포로 된 중에서 다시 돌아오게 하되 내가 쫓아 보내었던 열방과 모든 곳에서 모아 사로잡혀 떠나게 하던 본 곳으로 돌아오게 하리라 여호와의 말이니라 하셨느니라(렘 29:11-14).

5) 하나님은 우리를 통해 항상 선한 것들만 행하신다. 절대 악한 것을 행하시는 분이 아니다.

> 하나님이여 주의 이름과 같이 찬송도 땅 끝까지 미쳤으며 주의 오른손에는 정의가 충만하였나이다(시 48:10).

> 우리 구원의 하나님이시여 땅의 모든 끝과 먼 바다에 있는 자의 의지할 주께서 의를 좇아 엄위하신 일로 우리에게 응답하시리이다(시 65:5).

의심할 여지 없이, 위에서 말한 것처럼 하나님의 관점은 우리가 단언했던 불신의 그릇된 신념들과 충돌된다. 더 자세히 살펴보자.

2. 우리가 말할 때…하나님이 말씀하신다

1) 우리가 "하나님이 내가 회사에서 해고당하게 하셨어." 또는 "내 아이를 아프게 만드셨어." 또는 "형편없는 사람과 결혼하게 하셨어." 또는 "사업에서 실패하게 하셨어"라고 말할 때, 하나님의 대답은 "나는 오직 선한 일을 행한다"라는 것이다.

> 너희는 여호와의 선하심을 맛보아 알찌어다 그에게 피하는 자는 복이 있도다(시 34:8).

> 이러므로 여호와께서 이 재앙을 간직하여 두셨다가 우리에게 임하게 하셨사오니 우리의 하나님 여호와는 행하시는 모든 일이 공의로우시나 우리가 그 목소리를 청종치 아니하였음이니이다(단 9:14).

> 여호와의 정직하심을 나타내리로다 여호와는 나의 바위시라 그에게는 불의가 없도다(시 92:15).

2) "아마 하나님은 몇몇 사람은 사랑하실 거야. 그러나 나는 사랑하시지 않아"라고 우리가 말할지라도 또한 비록 당신이 그분과 단절을 통해서 멀어졌다 할지라도 하나님이 당신을 사랑하신다고 분명히 말씀하고 계신다. 하나님은 다음과 같이 말씀하신다.

> 인자가 온 것은 잃어버린 자를 찾고 구원하시려고 오셨다(눅 19:10).

> 예수께서 대답하여 가라사대 건강한 자에게는 의원이 쓸데없고 병든 자에게라야 쓸 데 있나니 내가 의인을 부르러 온 것이 아니요 죄인을

불러 회개시키러 왔노라(눅 5:31-32).

하나님이 세상을 이처럼 사랑하사 독생자를 주셨으니(요 3:16).

3) 우리가 "하나님은 날 잊으셨어"라고 말할지라도 하나님은 당신을 잊으실 수 없다고 말씀하신다. 왜냐하면 그분은 항상 당신을 위해 기도하고 계시기 때문이다. 게다가 그분은 당신에 대해 말씀하시는 것을 절대 멈추시지 않는다.

> 오직 시온이 이르기를 여호와께서 나를 버리시며 주께서 나를 잊으셨다 하였거니와 여인이 어찌하여 그 젖 먹는 자식을 잊겠으며 자기 태에서 난 아들을 긍휼히 여기지 않겠느냐 그들은 혹시 잊을지라도 나는 너를 잊지 아니할 것이라(사 49:14-16).

4) 당신이 "하나님은 내 기도에 응답하시지 않아"라고 말할 때 하나님은 그 기도에 정확한 때에 응답한다고 말씀하신다. 그리고 그때는 그리 오래 지체되지 않고 곧 올 것이다. (꼭 기다리라!)

> 그들이 부르기 전에 내가 응답하겠고 그들이 말을 마치기 전에 내가 들을 것이며(사 65:24).

> 그리고 예수님이 그 제자들에게 포기하지 말고 끝까지 기도하라고 말씀하셨다. 하물며 하나님이 그 밤낮 부르짖는 택하신 자들의 원한을 풀어 주지 아니하시겠느냐 저희에게 오래 참으시겠느냐(눅 18:1-8).

5) 우리가 "하나님은 그의 말씀을 이행하시지 않거나 약속을 지키시지 않아"라고 말할 때, 그는 절대 거짓말하시지 않고, 약속을 어기실 수 없다고 말씀하신다.

> 이는 하나님이 거짓말을 하실 수 없는 이 두 가지 변치 못할 사실로 인하여 앞에 있는 소망을 얻으려고 피하여 가는 우리로 큰 안위를 받게 하려 하심이라. 우리가 이 소망이 있는 것은 영혼의 닻 같아서 튼튼하고 견고하여 휘장 안에 들어가나니(히 6:18-19).

6) 우리가 "하나님은 불공평하시고 부조리하시고 내게 안겨주신 환경들은 끔찍해"라고 말할 때, 하나님은 절대 불공평하시거나 부조리하신 적이 없다고 말씀하신다. 하나님은 우리가 알지 못하는 것까지 아신다. 만약 우리가 옳고 하나님은 잘못되었다고 생각한다면 바꾸어야 할 것은 우리의 신념이다.

> 무지한 말로 이치를 어둡게 하는 자가 누구냐 너는 대장부처럼 허리를 묶고 내가 네게 묻는 것을 답할지니라. 내가 땅의 기초를 놓을 때에 네가 어디 있었느냐 네가 깨달아 알았거든 말할지니라(욥 38:2-4).

7) 우리가 "하나님이 내게 무엇을 원하시는지 다 알지만 이것만은 꼭 이루어주셔야 해. 하나님이 금하신 것이지만 이번만은 나에게 유익한 것이야"라고 말할 때, 하나님이 우리보다 더 잘 아시고 우리에게 좋은 것만 행하시고 그분의 계명을 우리가 좋게 생각하든 그렇지 않든 간에 그것은 우리에게 유익하다고 말씀하신다.

> 오늘 내가 네게 명하는 여호와의 규례와 명령을 지키라 너와 네 후손이 복을 받아 네 하나님 여호와께서 네게 주시는 땅에서 한없이 오래 살리라(신 4:40).

> 여호와께서 너로 머리가 되고 꼬리가 되지 않게 하시며 위에만 있고 아래에 있지 않게 하시리니 오직 너는 내가 오늘날 네게 명하는 네 하나님 여호와의 명령을 듣고 지켜 행하며(신 28:13).

3. '무엇'과 '어떻게'의 차이

나는 신학생 시절 내게 놀라운 깨달음을 주는 신학수업을 받고 있었을 때였다. 나는 설교를 하기 위해 꼼꼼히 설교문을 작성했다. 그것은 감사에 대한 내용이었다.

나는 그리 색다르지 않은 주제를 정했는데 교수님으로부터 설교로 괜찮다는 허락을 받았다. 나는 매우 만족해 하며 일리노이의 어느 작은 교회에서 설교했다. 설교를 마친 뒤에 나는 교구 성도들과 교회 출입문에 서서 악수했다. 그러던 중 한 남자가 나에게 인상을 찡그리며 말했다.

"당신은 우리에게 무엇을 해야 할지만 말씀해주셨지 그것들을 어떻게 해야 할지는 말씀해주시지 않았어요."

그의 말은 내가 설교 후에 듣기를 바랐던 말은 아니었다. 그러나 그의 말은 내 명치를 강하게 때리는 듯했다. 나는 그의 말에 대해 계속 생각했다. 밤이 늦도록 여전히 나는 자신을 추스르며 그의 말에 대해 곰곰이 생각해보았다. 그의 말이 맞았다. 내 설교는 진정한 감사란 무엇인가에 대한 이야기로 가득 차있었다. 하지만 나는 어떻게 감사할 줄 모르는 사람이 감사하게 될 수 있는지 그 방법에 대해 일체 언급을 하지 않았다. 그 이후로 나는 많은 설교를 들었다. 그 중 일부는 매우 인상적이었으나 어떤 설교는 별로였다.

그러나 그 좋은 설교 중에서도 내게 인상을 찡그리며 말했던 농부가 원할 만한 설교는 없었다(즉 감사하게 되는 방법에 대한 설교는 없었다는 뜻이다). 감사하는 것이란 무엇인가에 대해 이야기 했을 뿐 감사하게 되는 방법에 대한 것은 내용이 적거나 일체의 언급이 없었다. 물론 그것은 중요한 질문이다.

당신 내면의 모든 것이 불만일 때 어떻게 하나님과 함께 뜻을 같이하며 살아갈 수 있겠는가?

> 하나님의 말씀은 살았고 운동력이 있어 좌우에 날선 어떤 검보다도 예리하여 혼과 영과 및 관절과 골수를 찔러 쪼개기까지 하며 또 마음의 생각과 뜻을 감찰하나니(히 4:12).

다음 장에서 우리는 어떻게 상황을 변화시킬 수 있는지, 즉 어떻게 하나님과의 단절을 치료할 수 있는지 생각해 볼 것이다.

카멜 호수

하루가 다 끝날 무렵
우리는 허기지고 지쳐 있었다.
호숫가 어디에도 머무를 곳이 없었다.
긴 육로밖에 안 보이고
시야에는 야영지 하나 없었다.
걱정하는 네 명의 아이들
우리는 각자 나눠진 방향으로 노를 저었다.
두 척의 카누를 해안선에서 한 번 더 만났다.
그리고는 외침이 들렸다.
"우리가 찾았어요!"

우리가 어떻게 놓칠 수가 있어?
길고 넓적한 돌
텐트를 칠 수 있는 평평한 땅
넉넉한 장작
우리는 감사를 드렸다.
그러므로 근심하지 말라.
하늘 아버지가 너의 모든 쓸 것을 다 아시니….

10장
하나님과 뜻을 같이하는 것

로나(Lorna)는 고통스러운 감정에 대해 상담할 때 평소의 활기찬 모습을 보이지 않았다. 우리가 그녀의 내면에 대해 이야기를 시작하자마자 그녀는 아주 은밀한 마음속 상처들을 보이기 시작했다. 그녀는 유명한 정치인과 결혼했지만 자신을 중요한 사람으로 여기지 않았다. 우리가 이야기를 해 나가며 그녀가 연설단상 위 남편 뒤에 설 때나 주로 남편 아침 식사로 무엇을 차려주어야 할지에 초점을 맞춘 여성잡지의 인터뷰를 할 때를 제외하고는 그녀의 존재가 어떻게 목공예품처럼 가치 없는 존재가 되는지를 들을 수 있었다.

결국 그녀는 열등하다는 자기의 그릇된 신념 때문에 평생 내면 깊숙이 상처를 갖게 되었다. 그리고 지금 그녀의 남편은 자신의 일로 여행을 떠났고 그녀는 자신이 쓸모없다고 느끼며 혼자 남아있다.

상담이 점차 진행되면서 그녀는 더 객관적으로 정확하게 그녀 자신을 진단하고 평가하기에 이르렀다.

예를 들어 그녀는 28명을 교회로 인도했다. 나는 그녀에게 하나님 나라에서 그녀의 존재와 봉사의 중요성에 대해 어떻게 말했는지 성경 안에서 찾아보라고 했다. 그녀는 "죄인 한 사람이 회개하면 하늘에서는 회개할 것 없는 의인 아흔아홉으로 말미암아 기뻐하는 것보다 더하리라"(눅 15:7) 와 같은 좋은 성경 구절을 들고 왔다.

로나는 적절한 결론에 다다르는 데 문제가 없었다. 그녀는 매우 가치 있는 사람이었다. 예수 그리스도를 위해 그녀가 한 가치 있는 일에 있어서나 그녀 내면의 가치 양쪽에서 그녀는 의미 있는 존재였다. 나는 그녀에게 남편이 없는 시간을 최대한 활용할 수 있는 일이나 자원봉사를 제안했다. 더 중요한 것은 나는 그녀의 그릇된 신념을 대신할 진리에 대해 그녀가 이해할 것을 제안했다.

나의 제안에 로나는 "저는 머리로는 당신의 말이 옳다는 것을 알지만 여전히 내가 나쁘다고 느껴져요"라고 대답했다. 특히 그런 말을 하는 사람들이 성경지식이 있는 기독교인이라면 진리가 무엇인지 배우는 것은 어렵지 않다. 하지만 때때로 우리가 더 나은 방향을 알면서도 우리의 신념체계 안에 있는 그릇된 신념을 고치고 근절하기가 어려울 때가 있다.

1. 변화란 왜 그렇게 어려운 것인가?

변화는 상황이나 상태를 그대로 유지하는 것 만큼 결코 쉬운 일이 아니다. 왜 그런가?

첫째, 어떠한 행동을 계속 반복하다 보면 어떤 쾌감이 정신에 뿌리를 내린다. 그래서 몇 년 동안 습관적으로 즐겨온 담배나 커피, 잡담하기 같은 일들을 끝내기가 어려운 것이다. 물리적인 습관은 습관적인 신념이나 자기 대화와 같이 그만두기 어렵다.

둘째, 당신과 나는 종종 우리가 가지고 있는 그릇된 신념으로 인해 어떤 보상을 얻는다. 예를 들어 당신이 지속적으로 낮은 자존감을 나타내는 사람이라고 해보자. "난 멍청해. 나같이 멍청한 놈은 없어"라고 말한다면, 아마 다른 사람들은 당신의 그런 말에 안심될 만한 말을 해주거나("아니야, 넌 대단한 아이야.") 아니면 당신을 기분 좋게 하기 위해 노력할 것이다.

나에게 너무 긴장이 되고 걱정이 되어 떨지 않고 글을 쓸 수 없다고 말한 경리를 기억한다. 그리고 그는 사실 그랬다. 그의 글씨는 매우 엉망이어서 일을 제대로 할 수 없었다. 그는 일을 그만 두게 되어 실업급여를 받기 위해 고용센터에 갔지만 바로 뛰쳐나올 수밖에 없었다. 그리고 나서 그는 정신적 장애인으로 판명을 받았.

그가 치료받는 것을 보면서 그의 걱정을 불러일으키는 그릇된 신념을 고치는 것이 불가능해보였다. 그는 그릇된 신념을 고수한 대가를 지불하고 있었다. 이러한 그릇된 신념의 대가는 실제적으로 당신이 변하지 않는다는 것을 증명해주었다(즉 "난 글을 못 쓸거야"라는 신념은 아무 노력을 하지 않게 되고 결국 계속 글을 못 쓸 것이라는 변하지 않는 사실만이 확실하다는 것을 보증해준다는 말이다).

때때로 우리는 그릇된 신념을 통해 우리의 삶을 형성하고 만들기 때문에 그것을 바꾸기가 매우 어렵다. 예를 들면 제리(Jerry)는 그가 십대 때 자신에게 이렇게 말했다. "내 인생은 사람들이 내 의견에 귀 기울여 주고 관심을 두고 칭찬을 해줄 때만 의미가 있을 거야."

제리는 하나님으로부터의 진정한 부르심보다 오히려 이러한 그릇된 신념에 힘입어서 그에게 계속적인 인정과 관심을 보일 사람들로 그의 주변을 치유하기 위해 구역모임에 들어갔다. 그러나 제리는 그의 문제를 해결하기 위해 구역모임에서 떠날 필요가 있었다. 제리는 그 내면의 잘못된 생각으로 인생을 계속 살았기 때문에 그릇된 신념을 진리로 대체하기 어려웠다. 사실 그에게 모든 사람이 항상 관심을 보일 필요는 없었다.

제리처럼 그릇된 신념 속에서 사는 사람들은 더 나은 삶을 살기 위해 중요한 변화를 만들지 않으면 안 된다. 하지만 여기에는 큰 결심이 있어야 한다.

그릇된 신념은 우리를 화나게 하는 사람에게 상처를 주거나 우리 것이 아닌 것을 취하거나 숨겨진 어떤 것을 할 수 있는 면허를 주기 때문에 우리는 그릇된 신념을 바꾸기가 쉽지 않을지도 모른다. 간단히 말해서 어떤 사람들은 그릇된 신념에 모든 것을 투자한다.

만약 당신의 그릇된 신념이 완강하다면, 그것에 매달려 있게 하는 동기에 대해 솔직해지고, 어떤 대가를 치르더라도 변화를 위한 용기를 가져야 한다.

2. 우리는 진리의 성령이 필요하다

온 우주 만물 가운데 우리의 불신을 진리로 바꾸어주실 분은 오직 한 분이시다. 그분은 진리의 성령이시다. 성령이 당신의 삶에 깊이 관여하시지 않고는 하나님의 뜻을 따르는 것은 불가능하다. 다음은 어떻게 그것을 만들어 가느냐 하는것이다.

당신이 하나님을 원하고 필요하다고 고백하는 순간부터 시작된다. 당신을 죄와 사망에서 건지실 유일하신 분 예수 그리스도, 즉 하나님의 아들을 당신의 구주로 인정하는 것이다.

만약 당신의 마음을 예수 그리스도께 마음을 열지 못하고 그분을 죄사함과 회복과 구원의 유일한 소망으로서 받아들이지 못했다면 지금 그것을 하는 것이다.

예수님은 하나님이 당신 안에 거하실 성령을 보내주실 것을 약속하셨다. 그리고 성령은 당신이 하나님의 뜻을 행할 수 있도록 만드실 것이다. 성령께서 당신에게 불어넣어 주는 그 '상태'를 믿음이라 부른다. 이것은 믿을 수 있는 능력이다. 이것은 다 닳은 배터리에 전기를 충전해주는 것과 같은 것이다. 이것은 하나님의 은혜로부터 오는 것이다.

예수님께서 그의 제자들에게 성령을 상담자로 보내주신다고 약속하셨을 때, 그분은 특별히 모든 것을 가르치시고 생각나게 하신다고 약속하셨다(요 14:26). 그들은 이미 말씀을 알았고 대부분은 예수님이 말씀하신 것이 정확 무오하다는 것에 동의했다. 그들은 '현실'을 변화시킬 능력인 진리의 말씀을 그들 안에 가지고 있을 필요

가 있었다. 이것이 당신이 지금까지 원해왔던 것이 아닌가?¹

성령은 하나님의 말씀을 매개로 하여 일하신다. 다시 말하면 이 말의 뜻은 하나님의 말씀을 깊이 상고해야 한다는 뜻이다. 하나님께 성령의 능력으로 진리의 영을 회복시켜달라고 기도하는 것이다. 그것이 진리의 영에 마음의 문을 여는 시발점이다.

3. 믿음을 행하는 것

우리가 알듯이 믿음은 하나님이 주신 선물이다. 그러나 바울은 "구원의 투구와 성령의 검 곧 하나님의 말씀을 가지라"라는 비유로 강력하고 단호하게, 그리고 견고하며 심지어 고집스럽게 믿음을 주장했다. 하나님을 대적하는 그릇된 신념이 사라지도록 우리는 날마다 진리를 선포해야 한다. 이것은 그릇된 신념이 우리 내면에서 목소리를 내려고 할 때마다 의도적으로 그것을 잠재우는 것이며 또한 하나님의 진리의 말씀 그 자체로 이러한 그릇된 신념이 놓여 있는 곳을 밀치고 통과해서 깨뜨려야 한다. 이것은 영적 전쟁에서 우리가 감당해야 할 부분이다(엡 6:12). 매일의 삶에서 발생하는 끊임없는 전쟁에서 이기려면, 당신과 나는 몇 가지를 배워야 한다. 믿음을 가질 수 있는 것에는 많은 것이 있지만, 조용하고 소극적인 것은 절대 아니다. 우리는 다음과 같은 순서에 따라서 할 수 있다.

---

[1] 당신의 마음에 진리를 심기 위해 성령의 능력에 관한 성경의 연구를 위해서 고후 2:13-14과 엡 2:8-9 참고.

1) 당신의 혼잣말에 귀 기울여라

소크라테스가 "너 자신을 알라"라고 말했다. 만약 믿음과 불신을 인식하고 머릿속에서 지속적으로 연습하고 있으면, 기분이 나쁘거나, 화가 나거나, 우울하거나, 분노할 때 잠깐 멈췄다가 당신 내면의 소리를 듣고 당신 스스로 무엇이라고 말하는지 듣고 귀 기울여야 한다.

2) 항상 진리를 찾아라

진리를 무시하고 짓밟고 싶은 유혹이 생겼을 때, 가차 없이 질문해야 한다. "내가 지금 내게 뭐라고 말하고 있지?" 만약 당신의 무익한 자기 대화가 틀렸고 진리에서 벗어난 것이라고 생각되지 않는다면 당신은 바빠져야 한다. 그리고 다른 사람들에게 물어봐야 한다. 그리고 당신의 논리를 확인받아야 한다. 무엇보다도 당신이 질문하고 있는 주제가 성경에서 가르쳐지고 있다면 성경을 봐야 한다. 당신이 낡은 자기 대화의 단점을 찾고 그것을 대체할 수 있는 진리를 찾을 때까지 쉬지 말아야 한다. 당신은 끊임없이 진리를 추구하는 인생으로 만들어야 한다.

3) 논박하라

아마도 당신은 논박하거나 싸우지 않아야 한다고 생각할 것이다.

그러나 깨어 있으라! 당신이 불신 가운데 있다면 당신은 눈에 안 보이는 공중권세의 사악한 연주회장에서 거짓의 아비와 함께 있는 것이다(엡 6:10-18).

4) 연습하라

진리를 기억하고 그것을 자꾸 반복해야 한다. 그 무엇보다도 진리를 사용해야 한다. 충분히 연습했다면 당신은 믿음의 말로 긍정적인 습관을 기를 수 있다.

4. 당신 자신에게 무엇을 말할 것인가?

내가 앞으로 이야기할 몇몇 사례에 대해 귀를 잘 기울여 보자.
이 이야기들은 두 사람 사이의 대화가 아니라 한 사람 안에 있는 두 자아 사이의 대화이다. 하나는 사람의 오래된 죄성의 옛 자아로서 이 자아는 본질적으로 속이는 것이고 당신의 마음속에 있는 그릇된 신념에 근거한 자기 대화에 힘을 실어 준다. 다른 하나는 새로운 자아라고 부른다. 이 자아는 성령으로부터 나오고 당신이 하나님과 함께 협력하여 살 때 오는 것으로 진리에 의해 살게 하는 것이다.
우리는 다음 세 가지 각각의 '대화'에서 중요한 역경에 직면한 한 사람의 영혼 속에서 무엇이 진행되고 있는지를 볼 것이다.
여기 그녀의 남편으로부터의 심한 거절로 인해 심리적인 혼란을 겪었던 한 여성의 이야기가 있다. 잇따르는 대화는 설명을 위해 만든 것이지만 그웬(Gwenn)의 이야기는 안타깝게도 흔히 들을 수 있는 이야기이다.

그웬은 매력적이고 지적이며 아름다웠고 자기 가정과 가족에게 헌신적이었으며 두 명의 미취학 자녀들을 둔 엄마였다. 그녀는 남편 커트(Curt)를 많이 사랑했지만 남편은 변하기 시작했다. 그는 점점 더 만족할 줄을 몰랐다. 그웬은 커트를 위해 매일 기도하기 시작했지만 여전히 그는 애정이 없었고 대부분의 시간을 집 밖에서 보냈다. 그러다가 그는 갑자기 아무런 말도 없이 집을 나갔다. 나중에 그웬은 커트에게 남자 애인이 생긴 것을 알고는 매우 충격을 받았다. 그녀의 마음은 산산이 부서졌다. 며칠 뒤에 작성한 그웬의 '내면의 자기 대화'를 들어보자.

> **새로운 자아:** 커트가 동성애자라는 사실은 믿기 어려워. 그는 처음에는 매우 멋지고 사려 깊은 세심한 사람이었어. 그러나 나는 무엇을 위해 이 모든 것을 참아야 하지? 나는 무엇을 해야 할 지 생각했고 또한 이제는 알게 되었지. 그리고 몇 가지 계획을 세웠지.
>
> **옛 자아:** 넌 지금 어떠한 계획도 세울 수 없어. 커트 없이 어떻게 미래를 생각할 수 있겠어? 너의 인생은 끝난 것이나 마찬가지야.
>
> **새로운 자아:** 아니야. 그것은 사실이 아니야. 나는 항상 무엇보다도 커트를 잃는 것이 두려웠어. 그리고 지금 그 일이 벌어졌어. 마음이 너무 아프지만 나는 이 상황을 견딜 수 있어. 나에게는 여전히 사랑스러운 나의 아이들이 있어. 내 인생은 끝난 것이 아

니야. 여전히 하나님이 나와 함께하셔.

옛 자아: 하나님? 그분이 최근에 너에게 해준 것이 무엇인데? 어떻게 여전히 하나님이 너를 돌보고 계신다고 믿을 수 있지?

물론 성경은 순종적인 아내가 되어야 한다고 말하지만 네가 성경 말씀대로 살아서 잃은 것이 얼마나 되는지 봐. 넌 바보야. 성경은 듣기 좋은 말을 들려주지만 도움이 되지는 않아. 성경이 밥을 먹여줘? 잠을 재워줘?

새로운 자아: 나는 하나님이 기도하는 사람에게 응답하신다고 믿어. 기도하는 사람은 능력을 가지고 있어.

옛 자아: 너는 기도를 쭉 해왔어. 그 기도들이 무슨 결과를 낳았어? 너는 화를 내야 해! 하나님께 네가 그분에 대해 어떻게 생각하는지 솔직하게 말해. 그분은 네가 산산이 부서지고 찢기도록 내버려두셨어. 그분이 그러한 힘을 가지고 있지 않다면 어떻게 그분이 하나님이 될 수 있겠어?

새로운 자아: 그만해. 커트가 내 인생의 전부는 아니야. 나는 그를 만나기 전에 24년을 그 사람 없이 살았어. 나는 여러 가지 면에서 커트의 사랑에 내가 깊이 의존하고 있었고 우상으로 만들었다는 것을 고백해야 해. 나는 여전히 하나님을 내 편에 두고 있기 때문에 절망적이지 않아. 그리고 나는 커트가 떠난 것을 그 누구의 탓으로도 돌리지 않을 거야. 그분은 결코 잘못된 것을 행하시지 않아. 로마서 9:14에서 다음과 같이 말씀하셔. "하나님이 불의하시냐? 그렇지 않다"라고 말이야. 커트의 잘못된 행동은 하나님과 그분의 명령에 대한 모욕이야. 자기 자신의 자유의지로 커트는 죄악을 선택한 것이야. 야고보 사도가 말했어. "사람이 시험을 받을 때에 내가 하나님께 시험을 받는다 하지

말지니 하나님은 악에 시험을 받지도 아니하시고 친히 아무도 시험하지 아니하시느니라. 오직 각 사람이 시험을 받는 것은 자기 욕심에 끌려 미혹 됨이니"(약 1:13-14).

옛 자아: 그렇지만 하나님은 너를 떠나는 커트를 막으실 수도 있었잖아. 하나님이 이러한 상처로부터 너를 지키기에는 너무 힘이 미약하시거나 도움을 주실 수 없는 것이 아닐까? 또는 애초에 커트와 결혼하는 것을 막으실 수도 있었잖아?

새로운 자아: 만약에 그가 그러한 일을 했다면 나는 내 아이들을 가질 수 없었을 것이야. 우리 아이들을 생각하면 이런 고통도 가치가 있어. 그래. 만약 하나님이 내 인생에 커트가 없도록 하셨다면 모든 것이 수월했을지도 몰라. 하지만 그것은 모를 일이야. 나는 커트와 결혼하기를 원했어. 그리고 그 결정 때문에 어쩔 수 없이 살아야 하는 이 인생의 책임을 당당히 질거야! 나는 하나님의 도움으로 그럴 수 있다는 것을 알아. 나는 성경에서 이야기한 "생각건대 현재의 고난은 장차 우리에게 나타날 영광과 족히 비교할 수 없도다"라는 것을 믿어. 이 이야기가 전부는 아니지만 나는 포기하지 않을 거야. 하나님도 나를 포기하시지 않을 것이고.

당신이 이와 같은 내면의 자기 대화를 읽어나가는 가운데 당신은 아마 몇 가지 사실을 알아챘을지 모른다.

첫째, 우리 죄성의 옛 자아는 예수 그리스도께서 태어나시기 전에 우리가 놓여 있었던 불신 상태로 돌아가도록 우리 등을 떠밀고 싶어 한다. 간단히 말해 그것은 예전처럼 다시 죄의 본질이 장악하도록 원래대로의 상황(예수 그리스도 탄생 이전 상황)으로 되돌아가기를 원하는 것이다. 그 이유는 아담과 하와 이래로 옛 자아가 죄의 권세로 가득 차서 영적으로 눈 멀고 귀먹어 하나님을 대적해왔기 때문이다.

둘째, 새로운 자아는 역경의 시기에서조차 하나님을 사랑하고 믿는다. 따라서 그것은 하나님의 진리를 주장한다.

셋째, 새로운 자아는 적극적으로 그릇된 신념에 대항하여 논쟁할 수 있으며 그 그릇된 신념을 진리로 대체할 수 있다. 우리는 성령으로 충만할 때 완전히 그렇게 할 수 있다.

넷째, 새로운 자아는 방어적인 자세를 취하지 않고 올바른 선택을 위해 책임감에 대해 말할 수 있다. 옛 자아와 달리 새로운 자아는 서로 비난하는 게임에 빠지지 않는다.

다섯째, 새로운 자아는 또한 자기 의견을 뒷받침하기 위해 이유와 확고한 증거를 사용한다. 그리고 옛 자아의 교묘한 술책과 잘못된 말을 막기 위해 성경구절을 사용한다. 옛 자아는 항상 그분이 우리에게 거짓말을 한다고 암시를 하지만 새로운 자아는 하나님이 거짓말을 하실 수도 없고, 하시지도 않을 것이라는 사실을 알고 있다.

여섯째, 새로운 자아가 승리를 얻었다고 해서 옛 자아가 그릇된 신념을 부추기는 것을 그만두었다는 것을 의미하지 않는다. 비슷한 작은 싸움이 다시 일어날지도 모른다. 우리는 많은 이유로 하나님과 갈등을 일으킬 수 있다.

우리는 많은 이유로 하나님과의 단절을 가지고 있다. 한 가지 이유는 우리가 앞서 이미 살펴보았듯이, 하나님이 우리에게 나쁘다고 말씀하신 어떤 것을 가지거나 하려고 하는 욕망 때문이다. 우리는 죄악을 선택함으로써 단절을 유발한다.

예를 들어 당신을 가장 괴롭히는 죄악이 시기라고 가정해보자. 시기는 남에게 좋은 일이 생겼을 때 마음이 안 좋거나 동요하는 것이다. 만약 내가 질투심이 있다면 나의 동료가 내가 중요하다고 생각하는 분야에서 나와 동등하거나 나를 능가할 때 불행함을 느낀다. 시기심을 가진 목사는 자기 친구 목사가 자기보다 설교를 못하기를 바란다. 시기심이 많은 사람은 이웃이 더 나은 제초기나 새로운 보트를 가졌다는 이유로 비참함을 느낄 것이다. 당신의 일터에서 친한 친구가 같은 승진자 후보였는데 친구가 승진했다고 하면, 당신은 옳은 것을 말하려고 노력할 것이다(예를 들어 "축하해" 등). 그러나 당신의 시기심 많은 생각과 감정은 당신이 그런 말을 하는 것을 상당히 방해할 것이다.

내면의 자기 대화에 귀 기울여 보자.

옛 자아: 너도 알다시피 너한테서 그가 항상 아이디어를 얻어 가잖아. 왜 너는 항상 쉽게 이야기 하니?

새로운 자아: 나는 자기 연민이나 질투에 빠지는 것을 거절하겠어. 나는 그것들에 너무 많은 시간을 빼앗겼고 너무 아팠어. 끝은 항상 우울함이었고 하나님에 대한 원망으로 끝나버렸지. 나는 이제 감사할거야.

옛 자아: 그러나 이런 기독교인의 사랑이 오래 갈 수 있다고 생각해? 곧 얼마 안 가서 너는 믿는 도끼에 발등을 찍힐 걸! 너보다 못난 사람이 더 나은 직장을 갖게 되었다고 행복해 하지 않아도 돼. 이건 범죄야! 그리고 너는 희생자가 되는 거고. 만약 하나님이

너를 사랑하신다면 왜 네가 원했던 직장에서 그 사람이 너를 바보로 만들어 해고 당하게 만들었지? 못보겠니? 하나님은 지금 편애하시잖아. 넌 지금 화가 날 만해.

새로운 자아: 아니, 하나님은 그가 하시는 모든 일을 아시고 그의 자녀가 지금 무엇을 하시는지 아시는 분이야. 하나님은 내 필요를 아시고 나는 하나님의 일하심에 말 할 수 있는 어떤 자격이 안 돼. 만약 하나님이 그 자리를 다른 사람에게 내어주셨다면 나는 그분의 결정에 따라야 해. 내가 할 일은 나 자신에게 진리를 말하는 거야. 내게 은혜롭고, 자비롭고, 사랑이신 지혜로우신 아버지는 나에게 절대 나쁘게 하지 않으셔. 100% 신뢰하실 수 있는 분이야. 나는 여기서 그분과 함께 기다리겠어. 무엇이든 나아지는 것이 없을지라도 그것이 무엇을 다르게 만들 수는 있겠지. 내 아버지는 좋은 길로 인도하시거든. 다른 사람이 나보다 낫다고 해서 내가 하나님으로부터 도망가는 건 이제 거절할래. 다른 사람이 내가 없는 것을 가지고 있다고 해서 내가 나 자신을 지옥으로 보낼 순 없잖아.

옛 자아: 그럼 그 성경에 있던 '약속들'은 다 뭔데? 너를 통해 일을 안 하시잖아. 그게 손해잖아.

새로운 자아: 그게 아니야. 하나님과 분리되는 것이 손해인 거야. 하나님이 질투는 좋지 않다고 하셨어. "그러므로 모든 악독과 모든 기만과 외식과 시기와 모든 비방하는 말을 버리고, 갓난아이 같이 순전하고 신령한 젖을 사모하라 이는 그로 말미암아 너희로 구원에 이르도록 자라게 하려 함이라. 너희가 주의 인자하심을 맛보았으면 그리하리라." 그래, 나는 그의 모든 달콤함을 맛보았어.

옛 자아: 너는 잘못하고 있는 거야. 하나님은 너의 모든 인간적인 힘을 다 뭉개려는 거라고. 너를 약하게 말이야. 아무 것도 아닌 것처럼. 모든 사람보다 뒤쳐질 걸. 사람 좀 되라.

새로운 자아: 나의 옛 자아는 그리스도 예수 안에서 죽었어. 너는 나의 가장 큰 적이야. 나의 새로운 자아는 내가 하나님과 친밀할 때 모든 것이 형통하고 그것이 얼마나 대단한 것인지 경험을 통해서 알고 있어. 만약 하나님이 나 외에 다른 사람들도 축복하신다면 그것은 멋진 일이야. 그에게도 좋고 나에게도 좋아.

우리가 질투의 유혹에서 승리를 주장하기 전에 우리 대부분은 더 많은 전투에서 이겨야 한다. 그러나 매시간 죄를 이길 때마다 우리 믿음의 근육은 더 단단해진다.

5. 자신을 넘어선 승리

4세기 기독교 저자 중에 폰투스(Pontus)의 에바그리우스(Evagrius), 존 카시안(John Cassian), 다마스커스(Damascus)의 성 요한(John), 토마스 아퀴나스(Thomas Aquinas) 같은 성인들은 '게으름'의 죄를 언급했다.[2] 오늘날, 우리는 게으름을 태만이라고 정의할 수 있다. 그러나 비록 그

---

[2] 이 말은 7가지 치명적인 죄 가운데 하나이다. 그러나 기술된 단어들을 읽어보면 그들이 '게으름'이라고 표기한 것이 우리가 '우울'이라고 부르는 것과 같은 상태였음을 발견하게 될 것이다. 그들이 단지 질병이 아닌 치명적인 죄가운데 하나로 생각했다는 것은 가치 있는 일이다. 4세기 John Cassian의 표현은 Wenzel, Siegried가 저술한 『중세의 사상과 문학에서의 나태인 게으름의 죄』(*Medieval Thought and Literature*)에서 찾아볼 수 있다.

들이 더욱 깊은 영적 차원에서 우울을 보았을지라도 초기 성자들은 우울과 같은 상태로 언급했다. 그들은 '나태한' 사람과 우울한 사람은 기도하기와 성경 읽기를 회피하며 영적으로 열매 맺지 않는 사람이라고 말했다. 그들은 우울증의 느낌들을 실의, 불안한 마음, 활기 없음, 정신적인 고갈, 무능하다는 생각 그리고 하루하루가 너무 길다 등으로 설명했다. 이것을 치명적인 게으름의 죄라고 부르면서 그 핵심에 하나님과의 단절이 있다고 강력하게 주장했다.

다음은 당신이 낙심에서 어떻게 회복되어야 할지를 설명하고 있는 대화 모델이다. 기억하라. 낙심될 때 아무것도 하기 싫어진다. 특히 이것이 노력을 요구할 때 그 옛 자아의 본성은 무기력하게 만드는 것이 시발점이다.

> **옛 자아:** 왜 이 성경책을 택한 거지? 너는 거기서 아무것도 못 건졌잖아. 전혀 노력할 가치가 없는 거야. 뭔가 너에게 깊은 잘못이 있는 거야. '영적인' 것은 어떤 도움도 안 돼. 성경을 읽어도 말씀이 눈에 들어오지 않아. 기도하려고 노력하지마. 왜냐하면 너는 하나님께로 돌아갈 수 없기 때문이야. 포기해.
>
> **새로운 자아:** 맞아 아무것도 하고 싶지 않아. 그러나 내가 할 수 없다는 것은 거짓말이야. 당연히 난 할 수 있어. 나의 근육들은 무력하지 않아. 내 두 눈은 감겨 있지 않고, 내 머리는 마비되지 않았어. 나는 힘이 없다는 둥 내 기도가 아무 쓸모없다는 둥 그런 불신앙을 받아 들이지 않을 거야. 성령님은 내가 기분이 안 좋을 때에도 나에게 통찰력을 주시는 분이야!
>
> **옛 자아:** 왜 여기서 종교가 개입해야 하는 건데? 쓸모없는 미신에 사

로잡히는 일이야. 종교가 너의 낙심을 낫게 할 수는 없어. 너는 우울한 것이고 하나님을 부르는 것이 너의 기분을 좋게 만들 수 없어. 진리는 네가 신앙심이 깊은 사람이 아니라고 말하고 교회에서 간증을 하는 신령한 사람들처럼 절대 될 수 없다는 거지. 너는 항상 의심이 있었잖아. 물론 네가 그중에 일부분을 버렸다고 하자. 그런데 너는 또 다시 낙심했잖아, 의미 없고 가치 없는 너. 솔직해져봐. 그리고 너의 공허한 인생에 직면하라고….

새로운 자아: 기분이 좋지 않다고 해서 그것이 무의미하다는 것을 뜻하는 것은 아니야. 하나님은 자기 아들을 통해 십자가의 삶을 나에게 주셨어. 그것은 내 삶을 의미 있게 하는 거야. 그분이 내게 지금 말씀하시든 그렇지 않든 간에 그분의 행동은 말씀보다 더 크서. 그분의 행동은 내 가치를 확신시켜 주셔. 내가 힘이 없고 가치 있는 삶이 아니라고 생각 할 때도 그는 내가 특별하다는 것을 선포하셨어.

옛 자아: 만약 너를 많이 사랑하신다면 왜 너의 우울증을 안 고쳐 주시지? 너는 나아지지 않고 있어. 그리고 이게 누구 잘못이니? 하나님이 진정 원하시는 것이라면 도와주셨을 거 아니야. 하나님이 어디에 계신데? 오! 이 우주를 돌아다니시느라 너무 바쁘셔서 너한테는 관심을 못 주시나보다. 하나님이 듣고 계시다는 걸 느끼지 않잖아. 그렇지 않니?

새로운 자아: 그래 못느껴. 그러나 나는 더 이상 내 감정대로 하지 않아. 내 감정들은 일시적이고 변덕스럽거든. 나는 하나님의 말씀에 귀 기울일거야. 예수님은 하나님이셨는데 이 땅에 그의 사랑을 전하시려고 오셨어. "참새 두 마리가 한 앗사리온에 팔리지 않느냐 그러나 너희 아버지께서 허락하지 아니하시면 그 하나도 땅에 떨어지지 아니하리라 너희에게는 머리털까지 다

세신바 되었나니 두려워하지 말라 너희는 많은 참새보다 귀하니라"(마 10:29)라고 하신 말씀을 내가 믿어.

옛 자아: 그건 다 글씨뿐이라니까. 너는 아직도 우울해 하고 있잖아.

새로운 자아: 사실 내가 이것에 대해 논쟁할수록 더 느끼는 것은 네가 얘기하는 것이 거짓말이라는 거야. 거짓의 아비로부터 나왔잖아. 예수님의 말씀이 바로 하나님의 말씀이야. 하나님의 말씀은 언제나 무오한 진리야. "영생의 소망을 위함이라 이 영생은 거짓이 없으신 하나님이 영원 전부터 약속하신 것인데"(딛 1:2)라고 말씀하셨어. 또한 하나님은 그분의 말씀을 행동으로 하실 수 있는 위대하신 분이셔. 예수님이 이 세상에 오시고 죽음으로써 영광이 나타났을 때 이것이 바로 행동이야. "여호와의 손이 짧아 구원하지 못하심도 아니요 귀가 둔하여 듣지 못하심도 아니라"(사 59:1).

옛 자아: 그래 그건 맞다고 치자. 그럼 너의 의심은 어떻게 할 건데? 구원 받았다고 믿어야지. 너의 신경과민이 의심의 덩어리를 일으키고 있잖아.

새로운 자아: 그건 사실이 아니야. 지금은 내 마음에 많은 신념들이 혼재되어 있어. 어떤 믿음은 아주 강하고 어떤 것들은 약하고, 어떤 것들은 틀린 것이기도 해. 그리고 의심 역시 마음에 있어. 나는 아직 온전하지 않아. 그러나 나는 진리 안에서 성장해 가고 있는 중이야. 지금은 예수 그리스도께서 나의 참 가치, 나의 의로움, 나의 소망, 나의 치유자라는 진리를 의지하고 있어. 내가 낙심에 머무를 순 없지. 원하지도 않고 말이야. 물론, 내 자신을 깨워서 싸운다는 건 쉽지 않아. 그러나 나한테 가장 좋은 일이지. 나는 하나님의 말씀을 읽을 거야.

오래된 죄의 습성에 의해 시작된 하나님과의 단절은 이 대화 속의 내용과 크게 다르지 않다. 거기에는 두 가지 이유가 있다. 하나는 사람이 비록 우울하긴 하지만 그릇된 신념 속에 있는 거짓의 영과 의도적으로 싸운다는 것이다. 다른 하나는 새로운 자아에 의해 행해지는 주요 무기가 바로 하나님의 말씀이라는 것이다.

당신 자신을 위해 성경말씀을 인용하는 것을 배울 수 있다. 그리고 그것은 사실상 아무도 꺾을 수 없는 강력한 무기가 된다. 당신이 이렇게 함으로써 "너를 치려고 제조된 모든 연장이 쓸모가 없을 것이라. 일어나 너를 대적하여 송사하는 모든 혀는 네게 정죄를 당하리니 이는 여호와의 종들의 기업이요 이는 그들이 내게서 얻은 공의니라 여호와의 말씀이니라"(사 54:17)라는 말씀을 깨닫게 될 것이다.

6. 대응기술 개발

당신이 읽은 대화에서 이와 같은 점에 주목하라.

첫째, 당신의 옛 자아는 한 가지 목적을 가지고 있다. 즉 당신과 하나님 사이의 단절을 만드는 것이다. 이것에 성공해야만 옛 자아는 살아남을 수 있다. 그렇지 않으면 그것은 끝내 운명을 맞이하게 될 것이다.

둘째, 당신의 옛 자아는 거짓말이라는 틀 안에서 진리를 사용하는 습관을 지니고 있다. 그러므로 그 자아가 진리를 말할 것이라고 절대 기대하지 마라. 그 자아가 말하는 것은 그릇된 신념이고 당신이 거절하기를 원하는 전반적인 메시지들이다.

셋째, 당신의 옛 자아는 이상한 존재다. 즉 그것은 당신 안에 있지만 당신이 아니기도 하다.

우리는 기독교인이 성격검사를 하면 결과가 종종 그들의 옛 자아를 묘사한다는 것에 주목했다. 이것은 과거와 관련된 많은 질문들 때문이다. 우리가 그들의 이 검사를 분석할 때 그들은 화나고 걱정하고 죄스럽고 두려워하며, 다른 사람을 피하고 적대적으로 행동하고 위협하며 의심하고 이간하고 방해하는 것으로 묘사되는 것을 듣는다. 때때로 이러한 사람들은 궁지에 몰리게 된다. 왜냐하면 그들은 더 이상 그러한 방식으로 그들 자신을 보지 않기 때문이다. 그럼에도 불구하고 그들은 그 그림이 옛 자아를 정확하게 기술하고 있다는 것을 깨닫지 못한다.

만약 당신이 기독교인이라면 당신은 기독교인이 아닌 사람들과 다르게 항상 하나 이상의 자아를 대할 것이다. 왜냐하면 당신은 새로운 자아를 가지고 있기 때문이다. 당신이 옛 자아를 제거하였다고 하더라도 완전히 끝난 것이 아니다. 그리고 그 옛 자아는 당신을 다시 장악하려고 시도할 것이다.

넷째, 하나님의 진리의 성령이 당신의 새로운 자아와 동맹군이 되어주시고 그분은 실패하시지 않기 때문에 당신은 승리를 보장받고 싸울 수 있다. 하지만 옛 자아는 그 진리를 감추고자 원래의 모습을 뒤틀고 변형시켜서 당신에게 그 본 모습을 나타내지 않을지도 모른다.

다섯째, 당신의 옛 자아가 그것을 허락하지 않더라도 당신의 모든 그릇된 신념의 궁극적인 제조자는 사탄이다. 당신은 당신의 그릇된 신념이 악마의 거짓말에 바탕을 둔 것이 아니라 마치 '사실'인 것처럼 생각하도록 유혹을 받을 것이다. 예를 들어 '대부분의 사람이 생각하는 것', '과학적 연구 결과', '심리학자의 의견', 또는 '마음속으로 느끼는 감정' 등이 그것이다. 이들 중에 아무것도 탄탄한 근거를 바탕으로 한 것은 없다. 왜냐하면 이들 중 아무 것도 진리가 아니기 때문이다. 그러므로 달콤하지만 신뢰할 수 없는 출처로부터 나온 어떤 믿음에 근거를 둘 때 당신의 옛 자아에 도전하라. 그리고 항상 당신의 새로운 자아에 일치시켜라.

그 싸움은 당신의 의지에 달려 있다. 당신이 원하는 만큼 즉각적으로는 아니지만 옛 자아가 생각하는 것보다는 빨리 새로운 자아를 따라 살 수 있을 것이다. 그러므로 선한 싸움을 싸워라!

7. 그러나 고통이 계속 재발한다면 어떻게 하겠는가?

당신은 그릇된 자기 언어가 단 한 번에 바뀌고 그런 언어를 다시 사용하지 않을 것이라고 기대한다면 성공하지 못할 것이다. 고통은 재발할지도 모른다. 당신의 고통은 끊임없이 마귀가 무기로 사용하는 기본적인 것이기에 그릇된 신념이 재현될지도 모른다. 다윗의 고백에서 우리는 실마리를 찾을 수 있다.

> 내가 여호와를 항상 내 앞에 모심이여 그가 나의 오른쪽에 계시므로 내가 요동치 아니하리로다(시 16:8).

이것은 우리의 인생이 장밋빛 행진이 아니라 전쟁 속에 있다는 것을 상기시켜 주는 바울이 주장한 해결책이다. 중요한 것은 우리가 넘어지지 않고 서 있기 위한 결정이다.

> 마침내 주안에서와 그의 전능한 능력 안에서 강하여라. 하나님의 전신갑주를 입어라 그러면 악마의 계교에 능히 설 수 있다…그리고 악한 날에 너희가 능히 대적하고 모든 일을 행한 후에 서기 위함이라 (엡 6:10-14).

"당신의 마음을 단단히 고정시키고 일어서라." 이런 것이 하나님의 말씀이다. 거듭 반복해서 일어서고 싸워라. 당신은 악마와 대항해서 몇 가지 행동을 취할 수 있다. 당신은 단지 전쟁터 없는 싸움을 하고 있는 중이다. 하나님 안에서 진리를 주장하도록 준비하라. 그리고 거짓이 당신 생각 속에 더 이상 침투하지 못하도록 진리의 말씀으로 거짓을 대신하도록 적극적으로 준비하라.

당신은 그러한 경지에 도달할 수 있다. 만일 당신 스스로가 만일 진리를 말하지 않는다면 하나님은 당신을 고통 속에 내버려두실 뿐만 아니라 고통으로 인도할 것이다. 당신은 싸움에서 견뎌낼 힘이 없다. 그러나 하나님은 당신에게 힘을 주실 것이다.

지금 상처가 무엇이든지 간에 더 이상 상처를 주지 않는 때가 올 것이다. 그리고 다시는 결코 상처가 없을 것이다.

숲의 불

해변을 따라 언덕에 오르면
검은 줄기의 소나무들이 서 있고
숲 속엔 불에 탄 흔적이 황량하게 남아있다.

그러나 거기에는
키 크고 건장한 파수병과 같은 나무들 몇 그루가
꿋꿋하게 서 있다.
그들의 왕관은 하늘에서 빛난다.
그들은 나를 숲의 불이라고 부른다.

작은 땔나무들은 없애고
이 크고 좋은 나무들은 상처 없이 남기는
숲의 불
단단한 솔방울들을 깨뜨려 새 생명을 탄생시키는
숲의 불
네가 불 가운데로 걸어갈 때
너는 타지 않을 것이고
화염이 너를 태우지 못할 것이다.

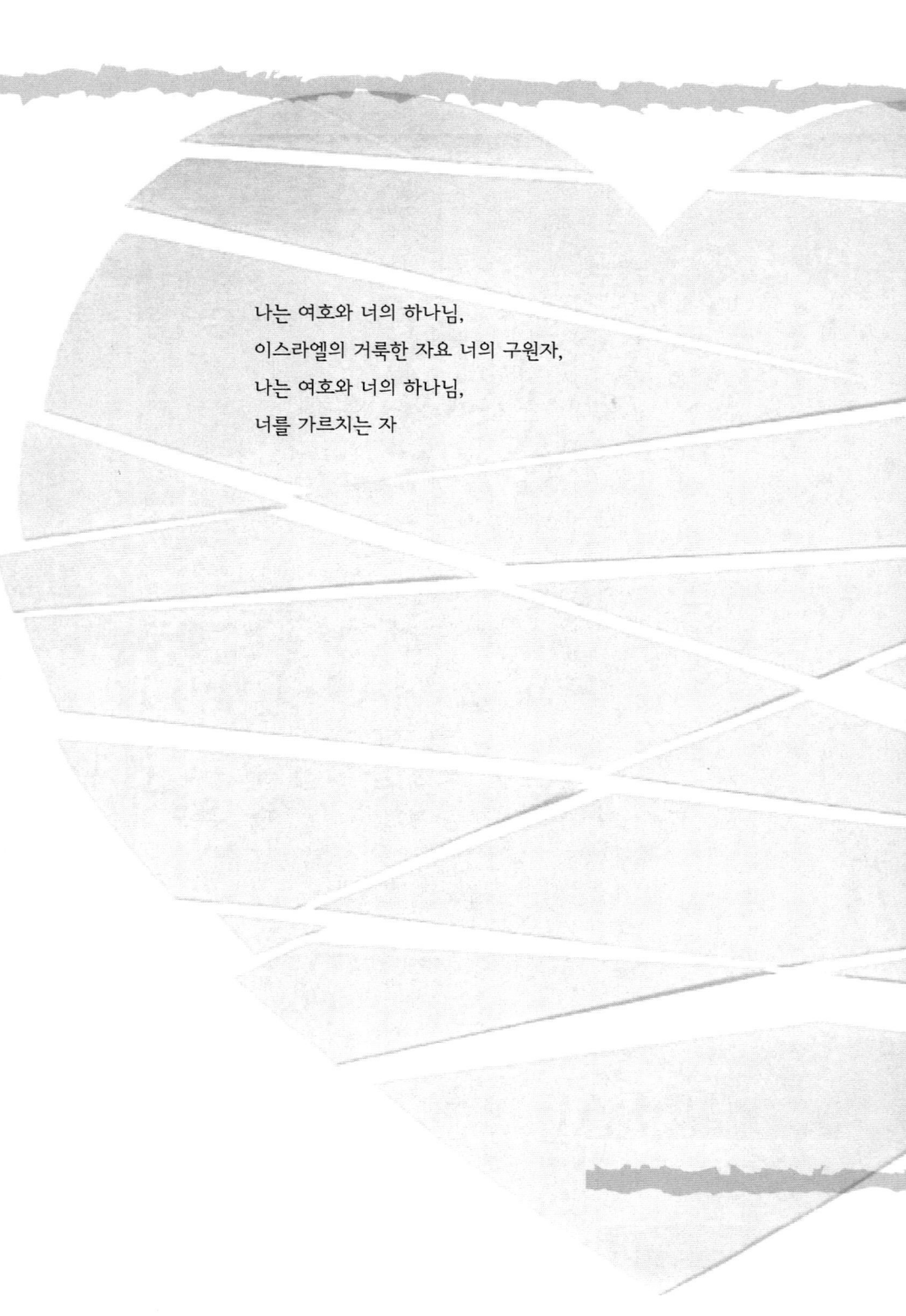

나는 여호와 너의 하나님,
이스라엘의 거룩한 자요 너의 구원자,
나는 여호와 너의 하나님,
너를 가르치는 자

11장
과학에서 얻는 교훈

앞 장에서 우리는 옛 자아에 대해 논박하는 기술을 배웠다. 이미 살펴본 것처럼 우리는 머릿속에 진리를 충분히 기억할 수 없다. 그러나 우리는 그것을 검처럼 사용해야만 한다. 그리고 우리 생명을 위해 싸워야만 한다. 왜냐하면 그것은 삶과 죽음 간의 전투이기 때문이다.

우리 중 많은 사람이 우리가 하고 있는 영적 전쟁은 불안정한 이 땅 위에서 치르고 있는 것임을 알고 있다. 악은 여러 가지 모양의 매혹적인 방법을 가지고 있지만 선은 지루하고 보상이 없는 것처럼 보인다.

나는 당신의 영적 존립을 손상시킬 수 있는 요즘의 매우 대중적인 주요한 한 가지 그릇된 신념이 있다고 생각한다. 그리고 나는 그것이 거짓임을 밝히고자 한다. 당신이 경험하면서 배워야 하는 가장 민감한 그릇된 신념 가운데 하나가 바로 이것이다.

> 하나님의 명령에 불순종해도 상관없어. 나의 행동이 선하든 악하든 정말 아무렇지도 않아. 선하다고 느끼는 것은 무엇이든지 주면 되고 행하면 되는 거야.

진리란 바로 "행동은 결과를 수반한다"라는 것이다. 당신과 내가 알고 있는 하나님은 보상으로 동기부여를 하고 우리를 창조하셨을 때 그분의 제도권 속에 이러한 역동성을 만들어 놓으셨다. 따라서 하나님께 대항하는 행동은 우리에게 나쁜 결과를 가져온다. 그리고 그분께 합당한 행동은 우리에게 좋은 결과를 가지고 온다. 시험에 직면했을 때 이러한 것을 기억하는 것은 다른 세력들이 당신 안에 침입하려고 시도할 때 당신을 견고히 붙잡아주는 유일한 방법이 될 것이다.

나는 우리가 우리 자신의 결과를 아는 것은 아주 급한 것이라고 믿기 때문에 당신이 깜짝 놀랄지도 모르는 내용을 잠시 시간을 내어 소개하고자 한다. 과학은 하나님과 화평한 삶을 사는 것, 즉 하나님이 우리가 그분의 법에 일치하여 사는 삶이 최선의 삶임을 입증한다. 그분께 대항하는 것은 황폐함을 가져온다.

그리고 이러한 내용을 소개하기 위해 나는 엄청난 어려움에 직면하여서도 견고히 선 마거릿(Marguerite)에 대해서 당신에게 말하고자 한다.

1. 견고히 서기

마거릿은 약 3주 전에 내 사무실에 처음 방문했다. 그녀는 오후 11시 20분경 병원에서 퇴근해 차로 걸어가면서 갑자기 극도의 공황상태에 빠졌다. 그녀는 어지럽고 두려운 감정을 느꼈지만 무사히 운전하여 집에 도착했다. 그녀는 자기에게 어떤 일이 일어났는지 생각할 수가 없었다. 그녀는 전에 없는 두려움과 당황스러움을 느꼈다.

우리는 그녀가 걱정하고 있는 이유가 무엇인지 문제를 함께 풀어 나갔다. 마침내 세 번째 만남에서 그녀는 속삭이듯이 말했다.

"저는 선생님께 드려야 할 말씀을 그동안 미루어 왔어요."

그래서인지 그녀의 얼굴은 당황해서 붉은빛을 띠었다. 그녀는 일하면서 내과 의사와 관계가 깊어진 이유에 대해 설명했다.

"나는 그것을 조절할 수 없어요. 나는 그를 포기하고 싶지 않고 내 남편과 내 아이들을 떠날 수도 없어요. 이와 같이 계속되는 것은 너무 끔찍해요. 나는 너무 두렵고 죄책감을 많이 느껴요. 이것이 잘못이라는 것을 알고 있어요. 그러나 어떻게 해야 할지 모르겠어요."

나는 마거릿의 신경증적인 역동성을 단순화 하려고 하지 않았다. 또한 모든 불안발작에 대한 보편적인 설명을 제공하려 노력하지도 않았다. 독특한 심리적 구조를 가지고 있는 이 여성에게 있어서, 이러한 공황증상은 그녀 스스로 그릇된 신념을 말함으로 만들어진 하나님과의 단절에서 나온 결과이다. 우리가 함께 치료과정을 지나면서 마거릿은 스스로 다음과 같은 결론에 이르게 되었다.

나는 내 인생에서 충분한 사랑을 받지 못했기 때문에 외도가 나에게 유익하다고 믿도록 자신을 속여 왔다. 나는 낡은 도덕성은 시대에 뒤떨어진 생각이라고 내 자신에게 주지시켰다. 그리고 하나님은 인간의 사랑인 그러한 아름다운 일을 당연히 반대하실 수 없다고 생각했다. 그리고 내가 하는 행동은 어느 누구에게도 상처를 주지 않았고, 나는 그것을 계속해서 숨길 수 있다고 내 자신에게 주지시켰다.

이제 나는 이것이 사실이 아니라는 것을 알았다. 이러한 일은 분명히 나에게 유익하지 않다. 사실 이것은 나를 병들게 하였다. 이것은 이미 정확히 예언된 하나님의 말씀 대로인 것이다. 돈(Don)과 같이 있는 것은 비록 흥미로울지는 모르나 대부분의 시간에 나는 좋지 않은 느낌을 받았고 두려움을 느꼈다.

그녀는 하나님이 그녀에게 어떤 해로움을 주거나 그녀를 속이시는 일이 결코 없으시고 그녀를 무한히 사랑하신다라는 사실을 이제 깨달았다.

나는 하나님의 말씀을 의지할 것이고 돈을 만나는 일을 더는 하지 않을 것이다. 그러나 나는 그 대신 나에게 많은 관심을 줄 수 있는 다른 누군가와 함께 있어야 하기 때문에 이 일은 쉬운 것이 아니었다.

그러나 나는 하나님이 약속하신 선을 느끼지 못할지라도 하나님을 믿을 것이다. 그리고 나는 하나님이 하나님을 믿는 사람에게 약속하신 좋은 결과를 즐거움으로 기다릴 것이다.

나는 그녀의 결심에 놀랐다. 그러나 그녀는 결코 힘든 싸움에 당황하지 않고 자기를 지키기 위해 노력했다.

당신도 짐작했듯이 마거릿이 다짜고짜로 돈을 '아무 일이 없던 사람'(cold turkey)으로 대하며 관계를 끊기는 쉽지 않았다. 비록 그녀는 그렇게 했을지라도 돈은 그럴 수 없었다. 그는 여러 날 동안 그녀에게 공격적으로 대했다. 그는 화를 냈고 그녀의 집으로 계속 전화했다. 그리고 그는 직장에서 그녀를 빈정대며 불편하게 대했다. 그는 심지어 그녀의 남편에게 말하겠다고 협박까지 했다. 결국 그는 업무상 꼭 필요한 경우가 아니라면 그녀에게 말하지 않았다.

이 모든 것은 고통스러웠지만 마거릿은 자기 자신에게 진리를 말하면서 결심을 지켜나갔다. 마침내 하나님과의 단절이 치료되었다. 그리고 아무런 열매 없이 끝날 것 같았던 그녀의 결혼은 점차 다정하게 되었고 다시 아름답게 되었다. 그녀는 정신적인 죄로부터 벗어나 자유롭게 될 수 있었다. 공황발작은 점차 사라졌고 잊혀지게 되었다.

마지막 회기에 마거릿은 내가 그녀의 이야기를 다른 사람들에게 이야기할 것인지를 내게 물었다. 그녀의 허락으로 당신 역시 하나님과의 사이에 있는 단절의 회복이 값비싼 진주보다 더 큰 보상을 가져다 준다는 것을 볼 수 있게 되었다.

마거릿이 회복된 것을 당신이 보았듯이 당신을 위한 최선의 일은 하나님 편에 서는 것임을 많은 증거가 보여 준다. 이것은 매우 흥미 있는 과학의 일부분이다. 나는 더 많은 증거를 제공하는 몇 가지 연구 결과를 요약하여 기술할 것이다. 이것들은 하나님께 대항할 일이 생겼을 때 더 좋은 방법으로 진리 안에서 하나님과 함께 계속해서 동행하도록 도울 수 있을 것이다.

2. 연구자료와 하나님과의 단절

실제로 하나님께 순종하는 삶을 사는 사람이 그렇지 못한 사람보다 더 잘 산다는 것을 과학적인 연구가 우리에게 말해주고 있는가?

당신은 이런 질문에 대해 과학자들이 이미 연구했다는 것을 안다면 놀라게 될 것이다. 그들은 죄의 결과, 음주운전의 결과, 혼외정사의 결과, 병든 사람을 위한 기도의 결과, 중요한 기독교인의 역할의 결과 등을 조사했다. 그리고 당신은 인생의 상처를 극복하고 지금 하나님과 화평한 삶을 사는 사람들이 더 잘 살게 된다는 것을 알게 되면 더욱 놀라게 될 것이다.

이러한 놀라운 사례들을 연구해보라. 그런 후에는 이것들로 당신 자신에게 하나님과 연합하지 말라고 말하는 당신의 옛 자아는 아무런 결과가 없다는 것을 상기하라. 그릇된 생각 속에 사는 사람이나 하나님과 단절된 상태에 있는 사람과 비교해 볼 때 진리의 사람은 다음과 같이 되는 경향이 있다.

- 더 충만하고 그의/그녀의 잠재력이 더 현실화됨
- 더 온화하게 됨
- 더 양심적이게 됨
- 인생에 목적이 있게 됨
- 기분과 감정에 긍정적인 변화를 더 잘 알고 있음
- 다른 사람들에 대해 더 많은 관심이 있음
- 자기와 타인 그리고 하나님에 대해 더 호의적임

- 더 신뢰할 만함
- 더 협력적임
- 자기 통제력이 더 강함
- 인내력이 더 많음
- 덜 회의적임
- 더 사회적임
- 더 책임감이 있음
- 사회적으로 더 성숙함
- 더 좋은 인상을 창조할 수 있는 능력이 있음
- 일치와 지적능력을 통해 더 많은 성취를 이룸
- 걱정을 감소시키는 능력이 있음
- 더 행복한 결혼생활을 즐길 수 있음
- 가족문제를 더 잘 해결할 수 있는 능력이 있음
- 성적으로 더 건강함
- 그들은 훌륭한 기도생활을 하고 있기에 정신적, 영적으로 더 건강함
- 육체적으로 더 건강함(더 건강한 혈압, 더 낮은 심장병, 더 높은 암 생존율)
- 더 오래 살고 죽음을 덜 두려워함[1]
- 죄 지을 가능성이 적고 걱정이 적음
- 삶을 위협하는 행동과 위험에 처할 가능성이 적음
- 돈, 명성, 물질적 목표에 덜 구속받음

---

1 더 자세히 이 연구를 조사하고 싶은 독자들을 위해서 관련 자료가 부록에 포함되어 있다.

- 덜 신경증적임
- 결혼생활에 실패할 가능성이 적음
- 비행 자녀를 둘 가능성이 적음
- 마약과 알코올 중독에 걸릴 가능성이 적음
- 니코틴 중독에 걸릴 가능성이 적음
- 담배 피울 가능성이 적음
- 청소년 음주 가능성이 적음[2]

그렇다. 과학은 응답받기 위해 기도하고 하나님을 신뢰하는 사람들이 더 건강하게 산다는 것을 확실히 보여준다. 물론 기도는 하나님과의 정신적, 영적 가교이다. 만일 그 가교가 분노로 떨어져 있다면 의심의 생각들이 당신과 나를 하나님으로부터 격리된 혼돈된 삶 속으로 떨어뜨릴 것이다.

가장 공공연히 공격당하는 진실들 가운데 하나가 기도에 대한 진실이라는 것에 어떤 의문의 여지가 있는가? 아마 당신은 다음과 같이 당신 자신에게 말하고 생각하게 하는 것을 들었을 것이다. "나는 기도해서 얻을 수 있는 것이 그 어디에도 없어. 하나님은 아마 어떤 식으로도 응답하시지 않을 거야. 만일 기도가 정말 역사한다면 병든 사람들 모두가 당장 잘 살고 건강해질 거야. 하나님을 잊

---

[2] 뛰어난 정신의학 연구자인 윌리엄 윌슨(William Wilson) 박사는 고맙게도 부록에 재판된 종교와 건강에 관한 참고목록을 제공했다. 그의 저서와 자료로부터 발췌한 이러한 내용들은 7일간의 모험가들 사이에 통용된 식이요법 습관에 부분적으로 기인한 긍정적인 결과물들이다. 이것들은 오래전 하나님이 선물로 주셨던 구약에 바탕을 두었기 때문에 이러한 결과물들은 하나님과의 견고한, 평화로운 관계로부터 받은 축복의 줄기의 부가적 증거이다.

어. 누구도 너를 도울 수 없으니까 너는 너 스스로 도와야 해"라고 말이다.

만일 그것이 당신의 자아가 말하는 것이라면 그것은 하나님의 사랑을 거부하는 것이다. 그리고 그것이 우리가 하나님과의 단절을 가로질러 세워야 하는 가교이며 근본원리이다. 이것이 모든 최악의 상황을 극복하는 근본적인 요지이다.

> 하나님은 사랑이시다(요일 4:8).

기도에 대해 세부적으로 들어가 보면, 성경은 하나님이 기도를 듣고 응답하신다는 많은 확실한 증거를 우리에게 제공한다.

> 여호와께서 내 간구를 들으셨음이여 여호와께서 내 기도를 받으시리로다(시 6:9).

> 나는 하나님께 부르짖으리니 여호와께서 나를 구원하시리로다(시 55:16).

> 너는 내게 부르짖으라 내가 네게 응답하겠고 네가 알지 못하는 크고 은밀한 일을 네게 보이리라(렘 33:3).

> 구하라 그리하면 너희에게 주실 것이요 찾으라 그리하면 찾아낼 것이요 문을 두드리라 그리하면 너희에게 열릴 것이니(마 7:8).

> 내 이름으로 무엇이든지 내게 구하면 내가 행하리라(요 14:14).[3]

---

[3] 여기에 하나님의 보증이 되는 더 많은 구절의 자료들이 있다. 하나님은 자기의 뜻에

최근에 특별히 잘 연구된 실험은 중보기도가 병자들에게 강력한 능력의 결과를 가지고 왔다는 성경의 약속을 더 확실하게 보여준다. 왜냐하면 그것은 거의 완벽에 가까운 전형적인 연구 방법론에 의한 실례를 제공하기 때문이다. 그 결과물은 개인적인 사례 이야기보다 훨씬 더 현저하다. 랜돌프 버드(Randolph C. Byrd) 박사[4]의 연구에 따르면 치료를 위한 기도를 하는 심장병 환자들이 기도 없이 단지 의학적 치료만을 받는 환자들보다 더 빠른 회복을 보였다고 한다. 이런 결과는 최면의 힘이나 우연한 요인에 기인한 것이 아니다. 서던 메디컬 저널(Southern Medical Journal)에 최근 기고된 버드 박사의 보고서는 괄목할 만하다.

두 그룹의 동일한 환자 집단이 실험에 참가했다. 한 그룹의 환자들은 하나님이 치료를 원하신다는 강한 믿음을 가진 기독교인들로서 그들은 예수님의 이름으로 기도했다. 다른 그룹의 환자들은 실험기간 동안 기도하지 않았다. 각 지원자는 한 명의 환자를 위해 기도했는데 그들은 환자 자신을 포함해 어느 누구도 어떤 환자들이 기도를 받는 그룹에 속해 있는지 알지 못하도록 하기 위해 집에서 기도했다. 이런 과정은 최면의 힘으로 인한 결과라는 어떤 가능성을 피하기 위해서 아주 중요하게 고려되었다.[5]

따르는 기도자에게 응답할 것이고, 하나님과 평화적 관계 속에 있는 사람에 의해 만들어질 것이라는 더 많은 구절 목록이 있다. 시 5:3, 65:2-5, 66:19, 86:6-7, 91:15, 102:17; 잠 15:8,29; 사 30:19, 58:9, 65:24; 렘 29:12; 욜 2:19; 마 6:5-6, 7:11, 18:19, 21:22; 막 11:24, 14:38-39; 요 1:7,16, 16:23, 24, 26; 롬 12:12; 살전 5:17; 딤전 2:8; 약 1:5-6, 4:2-3, 5:13-16; 요일 3:22, 5:14-16. 말씀이 당신에게 말하는 것을 찾는다면 왜 이러한 신실하고 믿을 만한 말씀의 일부 또는 모두를 기억하지 못하는가?
[4] 샌프란시스코 일반의학센터 심장병학과 캘리포니아대학 의학부 박사.
[5] 실험설계에 관심있는 독자들을 위해 이것을 설명하면 버드 박사는 192명의

그 결과 호흡에 저항을 덜 받도록 기도한 사람들은 항생물질과 이뇨제를 덜 사용했다. 또한 그들은 매일 기도자들이 기도를 시작한 후 병원에 머물고 있는 동안은 다른 그룹보다 심각한 증상을 덜 보여줬다. 그룹들은 실험하기 전에 사전검사를 했고 처음부터 모든 기대치에서 같은 조건을 가지고 있었다. 그래서 그 그룹들 사이에 차이가 생기는 유일한 이유는 기도였다.

이러한 결과들은 기도하며 진리 가운데 생활하는 사람들이 큰 효과를 보았다는 확실한 증거를 보여주었다.

3. 그릇된 신념에 의한 몇 가지 부정적인 삶의 결과

때때로 우리의 그릇된 신념이 우리를 유혹한다. 그것들은 매우 그럴듯하게 들린다. 또한 우리 자신을 하나님에 의해 학대받는 자로 보도록 강요하거나 다른 사람들의 불순종으로 우리는 우리가 생각하는 '즐거움'을 누리지 못하고 빼앗기는 것처럼 보도록 한다. "하나님과 그의 법은 선하지 않다"와 같은 근본적인 그릇된 신념이

치료집단과 201명의 통제집단을 임의표집하여 이중맹검방식으로 실험했다. 치료 초기에는 집단 간에 어떤 유의미한 차이점이 발견되지 않았다. 그러나 치료집단은 병원에서의 치료과정 동안에 유의미하게 더 낮은 심각성 수치를 보였다($p<.01$). 다변량분석은 집단을 산출변인을 근거로 구분했다($p<.001$). 통제집단의 환자들은 치료집단의 환자들보다 더 자주 공기를 환기시켜 줄 것을 요구하고, 항생제와 이뇨제를 요구했다. 그런데 버드 박사는 적어도 통제집단의 환자들을 위해 친구나 친척들이 기도하지 않는다는 것을 확신할 수 없었기 때문에 우리는 통제집단의 구성원들이 통제집단의 환자들을 위해 어느 누구도 절대로 기도하지 않았다고 할지라도 그 결과가 덜 극적인 것이라고 추측할지도 모른다.

기저에 있는 것이다.

이러한 태도를 보이면 우리 대부분은 그것을 거절하는 것 매우 어리석은 것처럼 생각된다. 그러나 우리의 옛 사람은 그 생각을 중단하라는 메시지를 좀처럼 보내지 않는다. 대신에 그릇된 신념은 그릇된 생각을 가져오는 구실이 된다. 즉 십계명은 오래되었고 시대에 뒤떨어진 낡은 것이라는 생각을 가져온다.

그릇된 신념은 이제 타당하지 않은데다 진실은 더욱 아니다. 그릇된 신념이 하는 일은 우리 자신이 옳게 표현하는 것을 방해하는 일이다. 진정한 자유는 모든 욕망의 구속으로부터 자유로울 때 오는 것이다. 하나님은 우리를 통제하는 것을 원하시지 않는다.

그러나 진리는 하나님과 그분의 말씀이 선하고 온전히 신뢰할 만하다는 것을 안내하는 안내자이다. 요즘 사회적 '추세'는 전인건강(well-being) 차원에서 정말 우리에게 보탬이 되는 것이 거의 없다. 우리가 경험적으로 알고 있는 사례가 바로 알코올 중독이다. 하나님은 음주를 금하시는데, 많은 사람이 술 취하는 것은 축하할 일이 있는 때문이고, 술은 고민을 잊게 해주며 자신을 즐겁게 해주는 것이라고 말한다. 국가질병관리센터는 알코올 중독에 관한 분석자료를 조심스럽게 발표했는데, 대부분의 교통사고(85%)는 음주운전과 연관이 있다고 보고했다. 그리고 대부분의 치명적인 상해를 입은 성인 보행자의 50% 이상이 그들이 다쳤을 때 술에 취해 있었다.

하나님의 뜻에 합하지 않은 대표적인 또 하나는 악한 성문화이다. 작가, 텔레비전 그리고 영화제작자들은 성적 도덕성에 대한 하나님의 진리를 조롱했다. 하나님이 선포하신 것을 자신의 독단으로 당당히 바꿔 버린 사람들은 요즘 율법에 불순종함으로 말미암은 두려움이 전혀 없다는 것을 우리에게 확인이라도 시켜주는 것 같다. 따라서 대중적인 거대한 도덕성의 판도가 '새로운 도덕성'을 시험대에 올려놓았다.

결과는 파괴된 삶의 관점에서 볼 때 너무나 희생이 컸다. 우리의 가장 큰 사회적 문제 가운데 하나가 십대들의 임신이다. 그리고 다른 하나는 한 부모 가정에 복지 혜택을 지원하는 일이다. 그러나 수천의 생명이 낙태를 요구당할 뿐만 아니라 그것은 우리 사회의 체제를 흔들어 놓았다. 의사들은 매독, 생식기 염증, 에이즈 등 성병에 감염된 많은 젊은이와 노인들을 치료하고 있다.

나는 이런 성적 행동 영역에서 행해진 단 한 가지의 독특한 연구 결과물에 대해 살펴볼 것이다. 국가경제연구소에서 발표한 연구자료에 따르면 혼전동거를 했던 남녀가 그렇지 않는 사람들보다 80%나 더 높은 이혼율을 보인다고 했다. 그 연구자는 혼전동거가 이혼을 유발한다는 추론에 반대하는 것을 엄히 경고했다. 혼전동거와 이혼 모두는 어떠한 제약 없이 당신이 원하는 것이 무엇이든지 간에 행하는 것은 좋은 일이라는 그릇된 신념을 믿기 때문에 발생하는 것이다. 그 결과 어떤 경우 인간관계를 산산이 파괴하며 감정적 고통을 주고 재정적으로 큰 손해를 입힌다. 그리고 그것은 아주 좋지 않게 발생한다.

4. 당신이 유혹에 넘어질 때

당신이 (하나님께 화가 나고, 그분이 선에 대해 계시하는 것이 실제 역사하고 있는지 의심하는) 그릇된 신념에 대항하여 싸우고 있다고 가정해보자. 그리고 갑작스럽게 발생한 일에 대항하는 것보다 하나님에게서 멀리 떨어지는 것이 더 쉽다고 느끼기 시작했다고 가정해보자. 몇 가지 자기 대화 사례를 통해 살펴보자.

>**옛 자아**: 네가 아무리 노력해도 믿음이 생기지 않을 때, 하나님이 너를 다루시는 방법을 생각해 봐. 아마 네 경우 네가 하는 모든 노력에도 불구하고 어떤 좋은 결과가 없을지도 몰라. 네가 얼마나 오랫동안 초인적인 노력을 계속 할 수 있다고 생각해? 너는 선에 대해서 네 자신이 말하는 진리를 어느 곳에서도 얻지 못할 거야. 너의 노력은 헛수고야. 포기해. 다른 사람들이 매일 자기 하고 싶은 대로 하고 있을 때, 너만 지나치게 열심히 노력하는 것은 어리석은 짓이야.

자, 이제 결과에 대한 진실을 당신 자신에게 말할 때다. 당신의 새로운 자아는 다음과 같이 말할 수 있다.

>**새로운 자아**: 이것은 모두 거짓의 아비에게서 온 것이야. 하나님의 말씀은 거의 모든 장에서 이렇게 기록하고 있어. "너희 성도들아 여호와를 경외하라 저를 경외하는 자에게는 부족함이 없도다. 젊은 사자는 궁핍하여 주릴지라도 여호와를 찾는 자는 모

든 좋은 것에 부족함이 없으리로다"(시 34:9-10)라고 말이야. 나는 이런 매력적인 하나님을 바라보아야 한다는 것을 알고 있어. 그러나 나는 하나님께 가까이 하기보다 오히려 선한 것에 대한 자신의 생각을 고집하다 잘못된 결과들을 초래하는 것을 아주 똑똑히 보았어. 절대 아니야. 나는 그분과 밀착되어 있어. 그분은 나를 사랑하고, 어떤 어려움과 고통 중에도 나를 보고 있을거야. 그리고 그것은 오래 지속되지 않을거야.

아마 당신은 하나님의 뜻을 거스르다가 유혹에 빠져 본 적이 있었을 것이다. 아마 당신은 당신 자신에게 진리를 말하려고 노력했을 것이다. 아마 당신은 당신의 오래된 죄성과 논쟁했을지도 모른다. 그리고 단지 순간적으로 좋고 끌리는 것처럼 보이는 일을 하기 위해서 여전히 하나님을 멀리하기로 결정했을지도 모른다. 그때 당신은 꼬리를 흔들며 주인 뒤에 슬그머니 숨는 개처럼 느낄 것이다.

나는 당신에게 옛 자아의 비밀무기와 하나님으로부터 당신을 분리시키는 그릇된 신념을 하나 더 소개하고자 한다. 그것은 다음과 같다.

옛 자아: 당신이 죄에 유혹당하고 있는 것을 하나님이 아시게 되는 것은 두렵고 끔찍한 일이야. 그러니 너는 시험에 들었을 때 하나님께 말하지 마라. 그것을 하나님께 숨겨라. 하나님은 자기 자녀들 모두가 강해지기를 원하신다. 만일 그분이 네가 정말로 약하다는 것을 아시게 된다면 너에 대해 어떻게 생각하시겠는가? 네가 죄에 잘 빠진다는 것을 아시게 된다면, 그분이 너를 어떻게 생각하시겠는가?

당신이 이런 사실을 알지 못해도 하나님은 이미 당신의 모든 연약함을 알고 계신다. 그분은 이미 당신을 유혹하는 것이 무엇인지 알고 계신다. 그리고 그분은 그것을 이미 알고 계시기 때문에 충격받으시거나 실망하시지 않고 상처받으시지 않는다. 다윗은 다음과 같이 선포했다.

> 이는 그가 우리의 체질을 아시며 우리가 단지 먼지뿐임을 기억하심이로다(시 103:14).

당신이 하나님과 함께하지 못하도록 유혹을 받았을 때, 그리고 그로부터 한 발자국 멀어지게 만들었을 때, 나는 바로 그 순간이 그분에게로 향해야 할 때라는 것을 제안하고 싶다. 그리고 다음과 같이 기도하라.

"주님, 주님은 제가 유혹받고 있는 것을 아십니다. 주님은 적이 어디서 그릇된 신념으로 저를 삼키려고 하는지 아십니다. 제 눈이 주님께 고정되어 저를 도우시길 간절히 바랍니다. 그렇지 않으면 저는 이 싸움에서 주님을 잊어버릴지도 모릅니다."

우리가 강한 영적 싸움에서 하나님께 외쳤을 때, 그분의 확실한 응답은 이것이다.

> 환난 날에 나를 부르라 내가 너를 건지리니 네가 나를 영화롭게 하리로다(시 50:15).

당신이 시험을 받는 바로 그 순간에 하나님을 부르라. 그리고 당신이 영적으로 냉랭함을 느끼고, 상처를 입고, 화가 나는 그 순간에 바로 하나님을 부르라. 구원은 하나님의 은혜의 선물로 온다. 그러나 우리는 구원이 지옥으로부터 구해주는 것 그 이상이라는 사실을 잊어버린다. 하나님은 우리가 그분의 소유된 백성이지만 마치 그분의 것이 아닌 양 산다고 말씀하신다. 하나님은 우리가 겪는 모든 심적 고통으로부터 우리를 구원하기를 원하신다.

악인들에 의한 고통뿐만 아니라 본인 스스로 만들어 낸 많은 고통을 이겨낸 다윗은 다음과 같이 기도하며 자기 영혼도 격려했다.

> 나는 주의 힘을 노래하며 아침에 주의 인자하심을 높이 부르오리니 주는 나의 요새이시며 나의 환난 날에 피난처심이니이다(시 59:16).

나는 나 자신의 경험과 다른 사람들의 수많은 보고 자료를 통해 당신에게 또한 약속할 수 있다. 당신이 그분으로부터 달아나라는 당신의 내면의 소리가 당신에게 말하는 바로 그 순간에 하나님께로 향한다면, 하나님은 사랑의 손을 앞으로 내미셔서 당신을 강하게 붙잡으실 것이다. 그러면 당신은 넘어지지 않을 것이다.

하나님에 관한 진실은 그분은 우리와 다르다는 것이다. 그분의 자아는 당신과 내가 그분의 뜻에 순종하지 않는다는 것을 아셔도 손상을 입지 않는다. 그분은 우리가 연약할 때 우리를 멀리 내버리시지 않는다. 그리고 쓴소리로 다음과 같이 말씀하신다.

"네가 만일 그렇게 많이 너를 알고 있다면 어서 가서 네 방식대로 해봐라."

그분은 항상 모든 상황에서 진실과 정직을 원하실 뿐이다. 영적 회피는 하나님으로부터 멀어지게 하는 것 외에 어떤 것도 할 수 없다. 그러므로 당신이 하나님으로부터 스스로 멀리 있다고 느낄 때 그리고 그분이 그것을 어쩔 수 없이 알도록 했을 때 사도 요한이 기록한 다음 구절을 생각하라.

> 만일 우리가 죄가 없다고 말하면 스스로 속이고 또 진리가 우리 속에 있지 아니할 것이요. 만일 우리가 우리 죄를 자백하면 그는 미쁘시고 의로우사 우리 죄를 사하시며 우리를 모든 불의에서 깨끗하게 하실 것이요(요일 1:8-9).

아래에 약해진 순간에 영적 무기가 되어 줄 수 있는 기도문을 강력히 추천한다.

> 주님, 주님께서는 제가 지금 무슨 생각을 하는지 아십니다. 주님께서는 제가 주님께 대항하려는 것이 무엇인지 아십니다. 저는 주님 앞에서 더 이상 거짓을 좇을 수 없습니다. 저는 저의 많은 부분을 제 방식대로 하기 원함을 고백합니다. 이것이 저의 약점입니다. 이것이 제가 직면한 싸움이고 저의 옛 자아가 저를 주님으로부터 멀어지게 합니다. 그리고 저를 다시금 포로가 되도록 만듭니다.
> 그러나 저는 당신과 멀어지기를 원치 않고 거짓을 따라 살고 싶지 않습니다. 진리의 숲 같은 당신의 영으로 저를 두르사 지금 바로 저를 도우소서. 진리만을 생각하고 진리만을 말하도록 제 마음과 제 영을 진리로 강하게 만드소서. 저는 주님께서 제 안에 계심을 압니다. 그리고 주님께서 세상에 그 어떤 세력보다도 더 위대하심을 압니다.

회복

예견된 황무지,
주님 역시 무자비한 도끼로 파괴당하셨음에도
주님께서는 지금 우리를 탁월한 존재로 여기십니다.

다이아몬드가 떠있는 물에서 우리를 즐겁게 하시고
침대에서 우리를 쉬도록 하시고
아주 짙고 푸른 이끼에 팔베개를 하게 하시며
바람의 음악과 함께 거룩한 예배를 드리도록
우리를 부르십니다.
주님께서는 욥의 축복을 회복시켜주십니다.

하나님은 우리를 어떻게 치유 하시는가?

The Hidden Rift With God

12장
단절의 치유

어쩌면 당신은 도움이 되는 다른 도서들을 읽었을지도 모른다. 그러한 책들은 하나의 생활방식을 지지하고 변화를 제안하거나 또는 적어도 새로운 통찰력을 주었을 것이다. 이러한 것들은 당신이 그 책에서 제시하는 프로그램을 시도할 때 효과가 있다는 것을 전제하고 있다. 아마 당신은 이 책에서 제시한 제안들이 효과 있는 결과가 있을까 하고 의문을 가질지도 모른다.

나는 두 가지 방법으로 이 질문에 답하고자 한다. 하나는 결과에 대해 성경이 무엇이라 말하는지를 당신에게 보여줄 것이고 다른 하나는 연구결과에 대한 관련 자료를 보여줌으로써 답하고자 한다. 이 모두는 하나님 편으로 돌이켜 순종(yes)하는 것이 실제적으로 역사한다는 것을 보여준다.

또 다른 증거는 나 자신의 개인적 경험이다. 어떻게 나 자신이 나와 하나님과의 사이에 단절이 생겼고 깊어지게 되었는지 그리고 그것이 어떻게 치료되었는지, 나 자신의 경험에서 나온 이야기를 당신과 나누고자 한다. 나는 큰 재앙 속에서도 하나님과 뜻을 같이 하는 것이 이 모든 차이를 만든다고 생각한다. 그리고 여기 한 가지 사례를 제시할 것이다.

1. 폭발

1985년 11월 21일에 나는 화재경보기 문을 활짝 연 채로 난로 앞에 서 있었다. 그리고는 안을 자세히 들여다보고 있었다. 나는 수표 장부를 정리하려고 캔디(Candy)를 만나기 위해 그날 저녁에 집으로 돌아왔다. 그러나 집에 와보니 그녀는 석유난로에서 나오는 연기를 들이마시고 의식이 몽롱해진 상태였다. 완전히 연소 되지 않아 집에는 석유 냄새로 가득했다.

이런 일은 전에도 발생한 적이 있었기 때문에 나는 이 문제를 쉽게 해결할 자신이 있고, 계단 아래로 달려 내려가 보일러실을 열어 보았을 때 무엇이 고장 났는지 즉시 알 수도 있었다. 1cm가 넘는 두께의 그을음이 분사장치 노즐에 채워져 있어서 압력을 받은 기름이 연소실 속으로 흘러들었던 것이다. 기름 일부가 연소하지 않아 바닥에 고여있었다. 나는 전에 하던 방식대로 했다. 그런데 금속기구를 붙잡았을 때 노즐로부터 나오는 그을음에서 소리가 나더니 그 불씨가 바닥에 고여 있던 휘발성의 뜨거운 기름에 닿아 폭발이 일어났다. 내 팔과 얼굴 그리고 머리 전체에 불이 붙었다.

나는 살아 움직이는 횃불이 되어 그 용광로 같은 곳에서 달려 나와 불을 끄기 위해 카펫에 뒹굴었다. 나는 죽을 것 같았다. 그러나 그 순간 나는 심지어 지금도 믿어지지 않을 정도로 침착해졌다. 그러는 동안 캔디가 폭발음을 듣고 아래층으로 달려왔다. 그녀가 나를 발견했을 때 불은 이미 소화되었고, 나는 의식이 있었고 호흡도 정상이었다. (나는 후에 이런 종류의 사고에서는 종종 호흡기관이 팽창해서 숨을 쉴 수 없다는 것을 알았다.) 그녀는 전에 했던 비행기 사고 때의 훈련을 생각해내곤 "샤워기를 가져와! 그리고 찬물을 얼굴과 손에 뿌려!"라고 그녀는 말했다. 나는 그런 대로 걸을 수 있었기 때문에 샤워기 쪽으로 비틀거리며 걸어갔다. 찬물이 내 몸에 뿌려졌을 때 나는 내 얼굴과 내 손등에 붙어 있는 피부 조각을 느낄 수 있었다.

샤워 중에 나는 갑자기 무엇인가를 깨닫게 되었다. 그래서 하나님을 큰소리로 찬양했다! 그 소리는 독특하면서 웅장했다. 왜 나는 그때에 찬양했을까? 나는 정신적으로 궁지에 몰려있지 않았던가? 그러나 그때 비록 내가 살지 죽을지 알지 못했지만 크고 명확하게 내 입으로부터 찬양이 계속해서 흘러나왔다.

캔디는 응급구조대 번호 911을 힘껏 눌렀다. 나는 구조대원들이 도착하기 전에 검은 연기가 가득 찬 지하에서 계단을 기어 겨우 올라왔다. 나는 정문 옆 마룻바닥에 누웠다. 충격이 아직 다 가시지 않았음에도 나는 그 이후에도 15분 동안이나 손을 흔들며 하나님을 찬양했다. (캔디는 아직도 정신적으로 내게 무슨 일이 일어났는지 궁금해하고 있다.)

나는 결국 세계적으로 유명한 화상치료 병원인 폴(Paul) 가에 있는 램지 카운티(Ramsey County) 병원으로 옮겨졌다. 거기서 나는 세제

(clorox)가 들어 있는 큰 통 속에서 뜨거운 물로 '소독'(boiled)을 받았다. 그때 아리따운 간호사가 나를 친절하게 치료해주었다. 그러나 동시에 그 간호사가 검게 그을린 내 피부를 씻어낼 때 화상의 고통은 이루 말할 수 없었다. 모르핀(morphine)이 나의 고통을 덜어주었다. 그리고 내 마음은 여전히 하나님 찬양으로 가득 찼다. 물론 나도 내가 이런 행동을 했다는 것이 좀처럼 믿어지지 않는다. 그러나 찬양이 멈추지 않았다.

치료를 마친 후 그들은 시내 중심가가 훤히 보이는 멋있고 넓은 창문이 있는 편안한 병실로 나를 옮겼다. 그때 캔디는 내가 괜찮을 것이라 확신하고 바로 친구 집에 가서 쉬었다. 나는 혼자 있었고 살짝 깨어있었다. 창문 밖 폴 가의 도시는 잠들기 전의 고요한 상태에 있었다. 겨울밤 하늘의 밝은 달은 내 앞에 펼쳐진 아름다운 경관을 비춰주고 있었다. 그날 밤 나는 잠을 자지 않았다. 나는 도로에 교통량이 늘어나는 아침이 가까이 올 때까지 불빛에 비치는 창문 밖을 보며 그곳에 누워 있었다. 아무도 얼굴과 손의 얼마나 많은 부분이 붕대를 대지 않고 손상되지 않았는지 말해주지 않았다. 또한 내게 이식 피부가 얼마나 필요한지 말하지 않았다. 그러나 나는 하나님 아버지의 친절하심을 계속 찬양했다.

회복이 되는 오랜 기간 동안 많은 치료가 있었다. 여러 주 동안 나는 붕대를 감고 있었고, 그때 보호 장갑이 딱지가 떨어져 흉터가 생기는 것을 막아 주었고, 매일 아침 새 살이 나오도록 했다. 나는 영하의 날씨나 햇빛에 피부를 노출시킬 수 없었기 때문에 그때는 활동을 별로 하지 못했다. 그것은 미네소타(Minnesota)에서 현실적인 문제였다. 나는 전에 전혀 알지 못했던 고통을 느꼈지만 하나님이 선하시다는 것을 알았고 기억했다.

의사들은 분명히 내가 심한 화상을 입어 치료조차 할 수 없게 되어서 우울증에 걸려 극복할 수 없을 것이라 생각했다. 그러나 나는 우울증에 걸리지 않았다. 대신에 (그리고 이것은 신비스러운 일이다) 고통이 극도의 정점에 올랐을 때에도 여전히 나는 하나님과 가까이 있는 것을 느꼈다.

심지어 그때 왜 나의 반응이 오래전 이혼 때의 반응과 완전히 다른지 궁금했다. 일련의 불행한 상황 속에서 하나님께 꾸지람을 받고 저주를 받은 사람이 어떻게 하나님을 또 다른 방식으로 찬양할 수 있겠는가? 당신이 보시다시피 무엇인가가 변했다.

내가 하나님께 고함을 지르며 운전해서 집에 돌아오던 수년 전 밤과 내가 병원에 누워 있었던 최근의 밤 사이에 전에 볼 수 없었던 많은 변화가 있었다. 얼굴에 많은 변화가 있었는데, 거기에는 내적 변화가 있었기 때문이다. 그리고 그것은 하나님이 그분의 진리를 새로운 방식으로 계시하셨기 때문에 일어난 것이었다.

하나님께 등을 돌리고 오직 비난과 비방을 하며 어깨너머 뒤만 바라보는 대신 나는 내 고통으로부터 새로운 진리를 배울 수 있었다. 예를 들면, 나는 하나님과의 단절 대신 오히려 재앙 속에서 하나님께 더 가까이 가는 방법을 배웠다. 나는 상황이 어떻게 보이든 관계없이 모든 것을 하나님의 손 안에 놓는 방법을 배웠다. 왜냐하면 좋은 것을 주는 방법을 그분이 알고 계시기 때문이다. 나는 하나님의 약속을 절대적으로 신뢰하라고 나 자신에게 말할 수 있다.

> 네가 물 가운데로 지날 때에 내가 너와 함께 할 것이라 강을 건널 때에 물이 너를 침몰하지 못할 것이며 네가 불 가운데로 지날 때에 타지도 아니할 것이요 불꽃이 너를 사르지도 못하리니 대저 나는 여호와 네 하나님이요 이스라엘의 거룩한 이요 네 구원자임이라 내가 애굽을 너의 속량물로, 구스와 스바를 너를 대신하여 주었노라(사 43:2-3).

나에게 있어 이 구절은 하나님의 보증이었다. 내 육체의 일부가 파괴될지라도, 어떤 큰 화재도 내 자아와 영혼을 건드릴 수 없다는 하나님의 보증이었다.

만일 당신이 하나님과의 단절을 거부한다면, 고난과 유혹은 당신이 전에 경험해 본 것보다 더 풍성한 진리 속으로 당신을 실제로 이끌 수 있다. 즉 그것은 어떤 것도 그리스도 안에 있는 하나님의 사랑으로부터 당신을 끊을 수 없다는 것이다.

여기에 고통과 상실에서 배울 수 있는 몇 가지 진리가 있다.

첫째, 하나님 임재의 진리를 배울 수 있다. 폭발이 있기 바로 전 주일에 나는 욥기서 성경공부 과정을 마쳤다. 우리는 그 책 속에서 엄청난 지혜를 발견했음에도 나는 학생들에게 이 책이 말하고 있는 것이 정말 무엇인지 이해할 수 없다고 고백해야만 했다.

10주 동안 한 반에서 같이 공부했던 2명이 죽었고, 반면 일부 다른 사람들은 인생에서 아주 중요한 변화로 고생했다. 그 과정이 끝난 후에 나는 화상을 입었다. 그때서야 나는 욥에 대해 이해하게 되었다. 당신은 때때로 인생의 가장 숭고한 경험인 최고의 절정에 이르기 위해서 고통을 통과해야 한다. 욥기 끝 부분에서 욥은 상실의 아픔과 신체적 고통과 하나님이 그를 내어버리신 감정을 경험한 후에야 비로소 그는 그 모든 목적을 알게 되었다.

> 내가 주께 대하여 귀로 듣기만 하였사오나 이제는 눈으로 주를 뵈옵나이다(욥 42:5).

하나님을 보고, 알고, 만지고, 경험하고, 느끼고, 만나는 것이 욥의 고난을 위한 하나님의 최종 목적이었다.

한동안 상처부위를 떼고 문지르는 공포의 고통스러운 치료 기간을 마친 후에, 나는 전율로 침대가 흔들릴 만큼 깊은 고뇌 속에 있었다. 캔디가 나 때문에 마음 아파하며 어떻게 나를 도울 수 있을지를 물으면서 거기에 서 있었다. 나는 정말로 "나는 지금 하나님의 보좌를 움직이고 있으니 나 때문에 미안한 마음을 갖지 마라"라고 대답을 할 수 있었다. 그것은 사실이고 누군가 그것을 확인할 필요가 있었다. 모든 고뇌의 한 복판에서, 당신이 만일 진리를 알고 당신의 마음에 그 진리를 새긴다면, 여느 때와는 다르게 하나님의 놀라운 임재를 느낄 수 있다.

둘째, 고통과 상실을 잘게 분해해버릴 수 있다는 사실을 배울 수 있다. 나의 그릇된 신념 가운데 하나는 "만일 어떤 일이 실제 고통으로 나에게 일어난다면 나는 그것을 참을 수 없다"라는 것이었다. 당신도 아마 당신이 깨지기 쉽고 연약한 피조물이어서 큰 상실과 고난에 살아남기 어려울 것이라고 은근히 믿을 것이다. 그래서 당신은 그것이 얼마나 끔찍한 일인지, 그리고 당신을 얼마나 비참하게 파괴하는지를 당신 스스로에게 말한다.

당신이 만일 욥기의 첫 장을 읽지 않았다면 그것을 읽기를 촉구한다. 거기서 우리는 하나님이 사탄에게 경계를 확실히 명하시는 것을 볼 수 있다.

당신이 만일 너무 두려운 나머지 고통을 참을 수 없다면, 당신은 내 경험으로부터 배워서 그것을 극복하게 될 것이다. 한때 나는 고통은 고난이고 있어서는 안 될 것으로 생각했으나, 지금은 그렇게 생각하지 않는다. 하나님은 화재로 인한 고난이 가져올 수 있는 경계선을 설정해 놓으셨다. 찬송할 때 고난이 당신의 불순물을 태워 주고 당신을 정금과 같이 단련할 수 있다. 그렇지만 고난이 정말로 당신에게 실제적인 해를 입힐 수는 없다. 당신은 살아남을 수 있다.

셋째, 당신은 결과가 선할 것이라는 사실을 배울 수 있다. 나는 여러 해 전에 모든 일이 항상 나쁜 쪽으로 향할 것이라는 그릇된 신념을 가지고 있었다. 만일 악한 A가 당신에게 일어나면, 악한 B가 뒤따를 것이고, 그 후에 악한 C가 발생할 것이라 생각했다. 그리고 그것이 악한 D를 가져올 것이고, 악한 D는 너무 나빠서 더 이상 나빠질 수 없을 것으로 생각했다. 최근에 내가 심각한 에이즈에 걸려 있는 한 젊은 그리스도인을 면담했을 때 비관주의라는 것이 얼마나 어리석게 여겨졌는지 모른다.

우리 두 사람의 협의로 상담이 공식적으로 진행되었다. 상담과정 중에 조(Joe)는 내게 결코 잊을 수 없는 말을 했다. 그는 "나는 후천성면역결핍증이 나를 가르치고 있기 때문에 비록 내가 건강하게 바꿀 수 있다 하더라도 당장 그것을 바꾸지 않겠습니다"라고 말했다. 그는 자기 병이 곧 그의 젊은 생을 끝내리라는 것을 알고 있으면서도 이렇게 말했다. 그에게 있어 그가 얻은 교훈은 나쁜 것도 가치가 있다는 것이다.

2. 무엇이 차이를 만들었는가?

　내가 관심을 갖고 보는 것은 당신이 이 장을 읽을 것이고 다음과 같이 말할지도 모른다는 것이다. "그래 잘 한다! 그렇게 잘 해내다니 멋지군. 그러나 나는 당신처럼 행운아가 아니고 당신이 나에게 말하는 모든 것은 소외감과 정신적 고통만 더할 뿐이야." 또는 아마 당신은 다음과 같이 말할 것이다. "내가 짓고 있는 죄가 나에게는 너무나도 중요해. 나는 그것을 포기할 수 없어. 그래서 당신의 이야기는 나에게 빛 좋은 개살구(Goody-Two-Shoes)처럼 들려. 당신은 나를 결코 이해할 수 없어."

　당신이 옳을지도 모른다. 그러나 단지 부분적으로만 옳은 것이다. 그렇다. 당신의 어려움은 내가 알고 있었던 어떤 것보다 더 나쁠지도 모른다. 당신의 죄가 당신의 삶에 치명적일지도 모른다.

　당신이 나를 믿지 못한다면 하나님을 믿어라. 하나님은 "어떤 비극도 내 진리가 위대하지 않을 만큼 그렇게 대단한 비극은 없다"라고 말씀하셨다.

　　　그러므로 우리가 낙심하지 아니하노니 우리의 겉 사람은 낡아지나 우
　　　리의 속사람은 날로 새로워지도다. 우리가 잠시 받는 환난의 경한 것

> 이 지극히 크고 영원한 영광의 중한 것을 우리에게 이루게 함이니 우리가 주목하는 것은 보이는 것이 아니요 보이지 않는 것이니 보이는 것은 잠깐이요 보이지 않는 것은 영원함이라(고후 4:16-18).

그리고 어떤 죄도, 그것이 죄가 아무리 중요하다 해도 당신의 영혼을 빼앗아갈 만큼 가치 있는 것은 없다. 예수님은 다음과 같이 말씀하셨다.

> 몸은 죽여도 영혼은 능히 죽이지 못하는 자들을 두려워하지 말고 오직 몸과 영혼을 능히 지옥에 멸하실 수 있는 이를 두려워하라(마 10:28).

당신은 또한 지금부터 시작해서 당신에게 어떤 문제가 생길지라도 하나님과 조화를 이루고 평화를 찾도록 당신 안에 아주 생생하게 하나님의 진리를 가질 수 있도록 하라. 당신과 하나님과의 단절은 치료될 수 있다. 그것이 나에게 차이를 만들어 주는 것이다. 그것은 이 책 서두에 이야기했던 이렌 기포드(Irene Gifford)와 같이, 하루에 한 번 한 계단씩 희망에 가득한 차이를 만드는 것이다. 가장 처절한 경험으로부터 하나님과 갈라진 가장 먼 틈으로부터 우리는 다시 그분의 친구로 그분께 가까이 다가갈 수 있다. 우리가 하나님과 멀어지는 것 없이, 심지어 죄와 사망의 고통이 있을지라도 그분께 가까이 다가갈 수 있다(골 1:21~23). 그것이 우리가 필요로 하는 내적 변화이다. 이렌이 시적으로 다음과 같이 묘사한 것처럼 말이다.

영광의 아침

죽은 껍질 속에 있는
딱딱하고 검은 씨앗은
겨울에는 땅을 의지합니다.
당신은 어떻게 그런 생명을 에워쌀 수 있습니까?
그리고 어떻게 다시 살기 위해 껍질을 벗을 수 있습니까?

미세하게 흔들리는 초록색의 포도 넝쿨들은
열정적인 춤을 추듯이 팔을 활짝 펴고.
정원의 담장과 함께 짝이 되어 여기저기에 퍼져
몹시 뽐내며 영광을 찬양합니다.

찬란한 나팔소리가
넓게 퍼지듯이
당신은 내게 그리스도의 부활입니다.
나팔소리가 울리면
죽은 자들이 영원히 죽지 않고 일어날 것이며,
우리는 변화될 것이기 때문입니다.

이런 변화는 하나님의 진리가 뿌리내리고 당신 안에 열매를 맺을 때 시작된다. 지금 시간을 내어 기도하라. 나는 당신이 온 맘으로 그것을 깨닫기를 바란다.

주님, 저의 그릇된 신념과 죄로 만들어진 단절을 치료하소서. 제 심령 속에서 진리가 역사하도록 성령을 보내소서. 선에 대해 주님과 논쟁한 것에 주님의 빛을 비추소서. 주님의 뜻에 일치하도록 제 의지를 다루소서. 그리고 믿음의 선물로 저는 당신과 조화를 이루고 주님을 따르기를 원합니다. 저의 구원자이신 예수님의 이름으로 기도합니다. 아멘.

부록

종교와 건강에 관한 참고문헌

Barton, Keith and C. M. Vaughan. "Church Membership and Personality: A Longitudinal Study." *Social Behavior & Personality*. 1976, Vol. 4(1), 11-16.

Bolt, Martin. "Person in Life and Religious Orientation." *Journal of Psychology & Theology*. 1975(Spring), Vol. 3(2), 116-118.

Burke, Joseph F. "The Relationship Between Religious Orientation and Self-Actualization Among Selected Catholic Religious Groups." *Dissertation Abstracts*. 1973(Oct.), Vol. 34(4-B), 1721-1722.

Coates, Thomas J. "Personality Correlates of Religious Commitment: A Further Verification." *Journal of Social Psychology*. 1973(Feb.), Vol. 89(1), 159-160.

Cohen, Eric J. "Holiness and Health: An Examination of the Relationship Between Christian Holiness and Mental Health." *Journal of Psychology and Theology*. 1977 (Fall), Vol. 5(4), 285-291.

Hamby, June. "Some Personality Correlates of Four Religious Orientations." *Dissertation Abstracts*. 1973 (Sept.), Vol. 34(3-A), 1127-1128.

Nelson, Franklyn L. "Religiosity and Self-Destructive Crises in the Institutionalized Elderly." *Suicide & Life-Threatening Behavior*. 1977 (Summer), Vol. 7(2), 67-74.

Spilka, Bernard. "Utilitarianism and Personal Faith." *Journal of Psychology and Theology*. 1977(Summer), Vol. 5(3), 226-233.

Spilka, Bernard and Micheal Mullin. "Personal Religion and Psychological Schemata: A Research Approach to a Theological Psychology of Religion." *Character Potential*. 1977 (Aug.), Vol. 8(2), 57-66.

Stanley, Gorden and Peter Vagg. "Attitude and Personality Characteristics of Australian Protestant Fundamentalists." *Journal of Social Psychology*. 1975 (Aug.), Vol. 96(2), 291-292.

Wilson, William P. "Mental Health Benefits of Religious Salvation." *Diseases of the Nervous System*. 1972 (June), Vol. 33(6), 382-386.

Attitudes(태도에 관한 자료):

The Connecticut Mutual Life Report on American Values in the 80's: The Impact of Belief. Hartfold: Connecticut Mutual Life Ins. Co., 1981.

Data on Marital Status and Success(부부관계와 성공에 관한 자료):

Larson, D. B. "Religious Involvement, its Association with Marital Status, Marital Well Being and Morality." Family Building. Geoge Rekers, ed. Ventura, Calif.: Regal Books, 1985.

Landis, J. T. and Landis, M. G. Building a Successful Marriage, 7th ed. Englewood Cliffs, N, J.: Prentice-Hall, 1977.

Crisis in the Family(가족위기):

Wilson, W. P. "Problem Solving in Crises." Family Building. Geoge Rekers, ed. Ventura, Calif.: Regal Books, 1985.

Religion and Sexuality(종교와 성):

Touris, C. and S. Sadd. The Redbook Report on Female Sexuality. New York: Delacorte Press, 1977.

Mentally Healthy and Unhealthy Children(정신적으로 건강하거나 건강하지 못한 아이들):

Glueck, S. and E. Glueck. "Delinquents and Nondelinquents in Perspective." Cambridge, Mass.: Harvard University Press, 1968.

Grinker, R. R. Sr., R. R. Grinker Jr., and J. Imberlake. "Mentally Healthy Young Males(Homoclites)." *Arch. Gen. Psychology*. 6:405-453, 1962.

Wilson, W. P. "Christian Nurture and the Development of Mental Disease." The Finch Lectures, Fuller Theological Seminary, Pasadena, Calif.: Unpublished.

Kalter, N. "Children of Divorce in Outpatient Psychiatric Population." *American Journal of Orthopsychiatry*. 47: 4-51, 1977.

Effect of Faith on Mental Health of Adults(성인의 정신적 건강에 대한 믿음효과):

Wilson, W. P. "Mental Health Benefits of Religious Salvation." *Dis. of the Nerv. System*. 33: 382-386, 1972.

Religion and Physical Health(종교와 육체적 건강):

Comstock, G. W. and K. B. Partridge. "Church Attendance and Health." *Journal of Chronic Disorders*. 25: 665-672, 1972.

Byrne, J. T. and J. H. Rice. "In Sickness and in Health: The Effects of Religion." *Health Education*. 10: 6-10, 1979.

Tuberculosis(폐결핵):

Kemmerer, J. M. and G. W. Comstock. "Socialogic Concomitants of Tuberculin Sensitivity." *American Review of Respiratory Diseases*. 96: 885-892.

Blood Pressure(혈압):

Graham, T. W., B. H. Kaplan, J. C. Cornoi-Huntley, S. A. James, C. Becker, C. G. Hames, and S. Heylen. "Frequency of Church Attendance and Blood Pressure Elevation." *Behavioral Medicine*. 1: 37-43, 1978.

Rouse, I. L., B. K. Armstrong, and L. J. Beilin. "The Relationship of Blood Pressure to Diet and Lifestyle in Two Religious Populations." *Journal of Hypertension*. 1: 65-71, 1983.

Heart Disease(심장병):

Phillips, R. L., F. R. Lemon, W. L. Beeson, and J. W. Kuzma. "Coronary Heart Disease Mortality Among Seventh-day Adventage with Differing Dietary Habits: A Preliminary Report." *American Journal of Clinical Nutrition*. 31(10 Supp.): S191-S198, 1978.

Drugs and Alcohol(약물과 알코올):

Adlaf, E. M. and R. G. Smart. "Drug Use and Religious Affiliation." *British Journal of Addiction.* 80:163-171, 1985.

Larson, D. B. and W. P. Wilson. "Religious Life of Alcoholics." *Southern Medical Journal.* 73: 723-727, 1980.

Cancellero, L. A., D. B. Larson, and W. P. Wilson. "Religious Life of Narcotic Addicts." *Southern Medical Journal.* 75: 1166-1168, 1982.

Burkett, S. R. "Religiously, Beliefs, Normative Standards and Adolescent Drinking." *Journal Stud. Alcohol.* 41: 662-671, 1980.

Westemeyer, J. and V. Walzer. "Drug Usage: An Alternative to Religion." *Disorders of the Nervous System.* 36: 492-495, 1975.

Cancer(암):

Zollinger, T. W., R. L. Phillips, and J. W. Kuzma. "Breast Cancer Survival Rates among Seventh Day Adventists and Non-Seventh Day Adventists." *American Journal of Epidemiology.* 119: 503-509, 1984.

Lemon, F. R., T. Walden, and R. W. Woods. "Cancer of the Lung and Mouth in Seventh Day Adventists." *Cancer.* 17: 486-497, 1964.

Tobacco Usage(흡연):

Hay, D. R. and F. H. Foster. "The Influence of Race, Religion, Occupation and other Social Factors on Cigarette Smoking in New Zealand." *International Journal of Epidemiology.* 10:41-43, 1981.

Morbidity and Mortality(사망률):

Le Riche. "Age at Death: Physicians and Ministers of Religion." *Canadian Medical Journal.* 133:107, 1985.

Jarvis, G. K. and H. C. Northcott. "Religion and Differences in Morbidity and Mortality." *Soc. Soci. Medicine.* 25: 813-824, 1987.

Death and Fear of Death(죽음과 죽음의 두려움):

Smith, D. K., A. M. Nehemkis, and R. A. Charter. "Fear of Death, Death Attitudes and Religious Conviction in the Terminally Ⅲ." *International Journal of Psychiatry and Medicine.* 13:221-232, 1983-84.

⟨저자 소개⟩

◈ 윌리엄 D. 베커스(William D. Backus)

　미국 Concordia College(B.A.)
　미국 Concordia Seminary(M.Div., Th.M.)
　미국 University of Minnesota(Ph.D. 임상심리학)
　미국 Center for Christian Psychological Services 소장
　미국 North Heights Lutheran Church 목사

　저서
　Telling Yourself the Truth: Find Your Way Out of Depression, Anxiety, Fear, Anger, and Other Common Problems by Applying the Principles of Misbelief Therapy (Bethany House Publishers, 2000) 외 20여 권

⟨역자 소개⟩

◈ 전요섭

　성결대학교(B.Th., 신학)
　총신대학교 대학원(M.A. 기독교교육학)
　연세대학교 교육대학원(Ed.M., 상담심리학)
　단국대학교 대학원(Ed.D., 상담심리학)
　미국 Oral Roberts University(D.Min., 목회상담학)
　현, 성결대학교 기독교상담학 교수

◈ 노철우

　성균관대학교(B.A.)
　한양대학교 대학원(M.A.)
　성결대학교 신학대학원(M.A., 기독교상담학)
　성결대학교대학원(Ph.D. 기독교상담학)
　현, 성결대학교 심리상담연구소 전임연구원

CLC 상담도서 소개

기독교 가족치료 Family Therapies
마크 A. 야하우스, 제임스 N. 셀스 지음/ 전요섭 외 옮김/ 신국판 양장/ 632면/ 30,000원

본서는 가족에 관한 전 영역의 문제들과 상황들을 학문적, 체계적, 종합적으로 다룬다.

★ 2010 한국기독출판문화상(KCPA) 목회자료
 - 국외부문 우수상 수상작

기독교심리학 Foundation for Soul Care
에릭 L. 존슨 지음/ 전요섭 외 옮김/ 신국판 양장/ 816면/ 40,000원

본서는 심리학에 대한 분명한 기독교적인 입장에서 기독교심리학을 개척한 탁월한 연구서로 일반 심리학과 신앙이 어떻게 조화를 이루어야 할 것인가에 대해 다룬다.

영혼돌봄의 이해 Care of Souls
데이비드 G. 베너 지음/ 전요섭, 김찬규 옮김/ 신국판/ 296면/ 12,000원

복음적인 기독교 상담의 올바른 위치와 역할을 찾으려는 시도로 영혼돌봄을 시대적으로 개관하고 영성이라는 주제의 핵심적인 내용을 소개한다.

하나님은 우리를 어떻게 치유하시는가?
The Hidden Rift With God

2013년 3월 30일 초판 발행

지은이 | 윌리엄 D. 베커스
옮긴이 | 전요섭·노철우

펴낸곳 | 사)기독교문서선교회
등록 | 제16-25호(1980. 1. 18)
주소 | 서울시 서초구 방배로 68
전화 | 02) 586-8761~3(본사) 031) 942-8761(영업부)
팩스 | 02) 523-0131(본사) 031) 942-8763(영업부)
홈페이지 | www.clcbook.com
이메일 | clckor@gmail.com
온라인 | 기업은행 073-000308-04-020, 국민은행 043-01-0379-646
　　　　　예금주: 사)기독교문서선교회

ISBN 978-89-341-1258-7 (93230)

* 낙장·파본은 교환해 드립니다.